UNDERSTANDING PUNCTUATED EQUILIBRIUM

ATTENTION, INSTITUTIONAL
PERFORMANCE AND BUDGETARY CHANGE

理解间断均衡

注意力、制度绩效与预算变迁

李梦瑶 ◎ 著

北京大学出版社
PEKING UNIVERSITY PRESS

图书在版编目(CIP)数据

理解间断均衡：注意力、制度绩效与预算变迁 / 李梦瑶著. —北京：北京大学出版社，2024.4

(未名社科论丛)

ISBN 978-7-301-35123-9

Ⅰ. ①理…　Ⅱ. ①李…　Ⅲ. ①公共管理—财政管理—研究—中国
Ⅳ. ①F812.2

中国国家版本馆 CIP 数据核字(2024)第 110448 号

书　　名	理解间断均衡：注意力、制度绩效与预算变迁 LIJIE JIANDUAN JUNHENG: ZHUYILI、ZHIDU JIXIAO YU YUSUAN BIANQIAN
著作责任者	李梦瑶　著
责任编辑	梁　路
标准书号	ISBN 978-7-301-35123-9
出版发行	北京大学出版社
地　　址	北京市海淀区成府路 205 号　100871
网　　址	http://www.pup.cn
新浪微博	@北京大学出版社　　@未名社科-北大图书
微信公众号	北京大学出版社　　北大出版社社科图书
电子邮箱	编辑部 ss@pup.cn　　总编室 zpup@pup.cn
电　　话	邮购部 010-62752015　　发行部 010-62750672 编辑部 010-62765016
印 刷 者	三河市博文印刷有限公司
经 销 者	新华书店
	650 毫米×980 毫米　16 开本　16 印张　170 千字 2024 年 4 月第 1 版　2024 年 4 月第 1 次印刷
定　　价	69.00 元

序　言

公共预算是政府治理的重要基础，是公共行政研究的重要领域。作为政治文件，它分配着稀缺资源，平衡着社会和政治中多元、冲突与竞争的各种利益；作为经济和财政记录，公共预算是评估和预测经济增长、收入分配、社会福利的重要工具；作为技术性文件，公共预算限制了政府开支，维持了预算编制、管理的数目字活动；作为一种行政管理工具，公共预算又与官僚、制度形式以及政策过程密切相关。长期以来，理论家们不断尝试在官僚机构、议会、法院、利益集团以及普通公民之中寻找对预算行为的理论解释，总是在尝试解释和回答什么决定了政府预算的分配，以及预算分配结果是如何变化的。

在渐进主义（incrementalism）决策理论的影响下，预算渐进主义成为长期占据公共预算领域的主导性理论，学者们认为预算分配的重要基础是上年的预算结果，因此预算制定是在上年预算基础上的“小修小补”（muddling through）。然而自20世纪90年代以来，不断出现的经验证据催生了反思和质疑渐进主义的理论思潮。学者们发现，公共预算在大量渐进变迁之外，还存在少量但剧烈的预算变化，这一模式被称作“间断均衡”式预算变迁。间断均衡理论（punctuated equilibrium theory，PET）的倡导者将这一模式出现的原因归于决策者有限的注意力以及政治结构中存在的制度摩擦，并由此构建了一个以注意力为驱动、议程为基础的间断均衡预算理论。现如今，该理论已经成为预算渐进主义的替代，风靡西方学术界，并且涌现了来自多个国家、多级政府的经验证据。然而，有关中国预算变迁的有力度的、与中国现实密切结合的研究成果仍然十分匮乏，亟待进一步拓展和完善。

本书的研究目标是，将间断均衡理论视角下的预算变迁问题拓展到中国的制度场域与政策过程中进行研究。中国的预算变迁存在何种特征？不同层级和地区之间存在怎样的差异？决策者和制度因素缘何影响预算过程？本书将采取理论分析与实证研究相结合的方法尝试对上述问题进行回答。在理论部分，本书首先回顾了自渐进主义产生以来公共预算研究的发展脉络，阐明了“两个批判”（渐进主义起源于对全面理性主义的批判、预算间断均衡理论起源于对预算渐进主义的批判）之间的理论承继关系。其次，本书从概念界定、理论基础以及分析工具方面，对间断均衡理论进行了细致介绍，对间断均衡理论在公共预算领域中形成的研究成果和研究方法进行述评。在实证部分，本书首先选取我国中央政府与省级政府两个研究层次，分别基于1995—2019年间中央预算与31个省级行政单位（除港、澳、台外）预算中功能分类预算科目的年度变化测量预算变迁，并通过统计图形、正态性检验以及随机过程方法，实证检验中国预算变迁中是否存在间断均衡特点。其次，本书聚焦于地方官员与政策过程的研究进路，从晋升激励、任职流动与兼任制度三个维度，通过分析决策者注意力与政策过程中的制度摩擦的变化，构建了解释省级预算间断差异的分析框架。笔者进一步构建了1996—2017年间预算、人事与社会经济变量构成的多源面板数据集，通过多维面板固定效应回归模型为研究假设寻找经验证据。

本书的主要研究结论是：（1）1995—2006年与2007—2019年两个时期的中央预算均呈现间断均衡式的变迁特点。此外，在对中央预算依据预算功能类型进行划分后发现，经济建设类支出、科教文卫类支出以及公共管理类支出三类预算的变迁特点存在差异。（2）1995—2006年与2007—2019年这两个时期的省级预算普遍呈现出预算间断均衡变迁的特点。此外，在这两个时期中，省级预算间断程度均低于中央预算间断程度。在1995—2019年跨越二十几年的较长时期内，各省预算间断程度存在显著差异，是一个动态变化的过程。（3）中国地方官员的晋升激励、任职流动与兼任制度均是影响预算间断差异的重要因素。实证结果显示，具有更强晋升激励和省级机构任职经历的地方官员，会显著降低辖区内部的预算间断程度；而地方官员的横向兼任职务亦会产生显著降低辖区内预算间断程度的政策效果。

本书的研究在如下五个方面具有理论贡献和现实意义。第一，本书对我国公共预算在1995—2019年间的变迁模式进行全景式扫描，从时间上和空间上进一步补充了有关中国预算间断均衡变迁的事实证据。本书依据前沿的政策过程理论——间断均衡理论，对中国的公共预算变迁进行了实证检验。笔者从中央预算和省级预算两个研究层次，首次使用1995—2019年的预算数据，提供了预算间断均衡在中国存在的实证证据，增强了间断均衡理论的外部有效性，并且有助于厘清有关渐进主义预算变迁和间断均衡预算变迁的理论争论。第二，本书从间断均衡理论提出的以注意力为驱动的、议程为基础的预算模型出发，创新性地提出并检验了“官员晋升、交流和兼任—注意力分配与制度摩擦—预算间断均衡”的理论框架，为理解地方预算间断均衡变迁拓展了基于官员个体的新思路。在阐述中国干部人事体系和预算过程中，本书揭示了注意力分配和制度摩擦与中国研究场景和治理机制的互动关系。本书的研究呼应了新制度主义对制度的关注，认为制度是形塑政策和预算过程的重要变量。同时，本书的研究也为我们理解预算间断的成因增添了新的思考维度，有助于我们从个体层面和组织层面更好地理解中国官员选拔体系和预算权力分配对政策产出的影响，进一步揭示中国国家治理的制度密码。第三，本书从中国特色的干部人事制度体系出发，对间断均衡理论视角下地方官员影响预算间断均衡的具体机制进行了提炼并构建了理论框架，有助于增进读者对中国干部人事制度如何影响政策变迁和治理绩效的理解。第四，本书的研究结果揭示了国家治理中的人事制度，特别是选拔和激励机制，对政策产出的重大影响。因此，在新时代推进国家治理体系和治理能力现代化的新征程上，谨慎设计引导官员注意力分配的系统，并为他们提供与政策问题相关的信息和知识就成为必要之举。据此，笔者提出应合理构建官员激励机制，畅通干部晋升渠道，用好干部兼任制度，注重制度背后的政策意涵等相关政策建议。第五，本书基于间断均衡理论视角，对预算领域经典的“科伊问题”提供了新的解答。本项研究挑战了传统的预算渐进主义理论，强调了决策者注意力分配以及政策过程中制度摩擦的变化对政策议程和政策产出的影响，为从政策过程视角研究公共预算问题提供了新的思路。

目　录

第1章　绪　论

根据什么来决定把资金 X 分配给项目 A 而不是项目 B?

——科伊

金钱万能。它表达了人类和国家的目标。

——赫克罗、威尔达夫斯基

1.1　研究主题

公共预算是政府治理和公共管理的核心研究议题。在人类文明演进的历史长河中，政治发展和民主斗争的一个重要方面就是关于预算权力的限制和争夺。在 1688 年英国光荣革命的历史情节中，限制国王征税权力是议会贵族的核心诉求和重要努力。几百年后，诞生于巴西的参与式预算显示出了预算过程赋权于普罗大众的历史新动向。可见，从中世纪欧洲限制王权的政治斗争，到现代“预算国家”为政府“套上缰绳”的制度尝试，无不充斥着有关预算权力的斗争、解释和思考。在现代国家，公共预算是涉及公共资金筹集、分配和管理的一系列活动，构成政府履行职能的物质基础，更是政治过程的首要环节。任何政府公共职能的实现都离不开公共预算的支持，公共预算贯穿于政府活动的方方面面。正如希克所言，“毫不夸张地说，一个国家的治理能力很大程度上取决于它的预算能力”（Schick，1990：1）。美国公共预算大师威尔达夫斯基也曾提出“如果你不能预算，那么你如何治理?”的问题。

有关公共预算的理论研究是多维度、多层次的。正如阿尔伯特·海德所言，“在浩如烟海和复杂精巧的形式之下，公共预算同时记录着政策结果，标示着政策偏好，衡量着政策的绩效、影响和效率”（Hyde，2007：1）。威尔达夫斯基也说过，“人的本质从未像人类在为了获得更大的资金利益和预算拨款而斗争时表现得如此鲜明。预算反映了人的目标和企图，即他们尝试协作一致，化解冲突，有效地解决问题。朝着不同的目标，预算可以是很多事务：一项政治法案、一份工作计划、一项经济预测、一种自然权利或是一种控制机制”（Wildavsky，1964：1）。

长期以来，理论家们不断尝试在官僚机构、议会、法院、利益集团以及普通公民之中寻找对预算行为的理论解释。公共预算的研究始终在追寻更好的预算理论，学者们总是在尝试解释和回答：什么决定了政府预算的分配？影响政府预算决策的因素有哪些？预算分配结果是如何变化的？迄今为止，学界发展出了包括“官僚预算理论”（尼斯坎南，2004）、“渐进主义预算理论”（Lindblom，1959；Wildavsky，1964）、“预算过程理论”（Rubin，1990）以及最新的“间断均衡预算理论”（Baumgartner，Jones，1993；Jones et al.，1998）等公共预算理论，其核心理论关切大多着眼于政治家、官僚、利益集团以及各类制度和环境是如何影响预算的。

1971 年，经济学家尼斯坎南继承公共选择学派的方法论，在《官僚制与公共经济学》一书中，提出了著名的“官僚预算最大化”理论，讨论了预算过程中的关键参与者会如何影响预算。在尼斯坎南看来，官僚的效用函数是复杂的，包括薪水、荣誉、权力等诸多内容；而对于官僚来说，其效用的实现大部分都与预算水平挂钩，这就意味着，预算最大化可以带来官僚效用的最大化，因此官僚始终会追求官僚机构的预算最大化（尼斯坎南，2004）。此外，尼斯坎南还通过数理模型的推演指出，官僚能够实现预算最大化是因为官僚和组织的资助者之间存在一种双边垄断的关系，官僚机构通过提供产出来换取预算（尼斯坎南，2004）。官僚制预算理论以经济学的微观经济假设为前提和分析的逻辑起点，即官僚机构和官僚的行为出发点和目标既不是公共利益，也不是政治家确定的政治目标，而是官僚和官僚机构自身的利益，其对于自己活动的考虑是以经济的自我效用来衡量的。官僚制预算理论推演了政治家和官僚之间的政治交易过程，然而这幅“现实图景”却并没有得到大多数实证研究的支持（Blais，Dion，1991）。

尽管经济学的研究视角和理论框架给出了预算分析的模型和方法，然而，我们对真实的预算过程仍然知之甚少，经济学的研究无法回答科伊在1940年提出的经典之问：“根据什么来决定把资金X分配给项目A而不是项目B?”有学者指出，经济学家“并没有给实践领域的预算工作者提供有价值的指导”（Caiden，1990），因为它不能解释实际的预算发生了什么，所以“即便是历经70余年的研究，预算理论仍然是缺乏的”（Neuby，1997）。随着学界对更好的公共预算理论的不断呼吁，发端于政治学和公共行政研究领域的预算政治学逐步成为公共预算研究的重要方向。在公共预算的编制、测量等活动中，其体现出了技术性的特征。然而，从本质上来说，公共预算是具有政治性的（鲁宾，2001）。威尔达夫斯基指出，公共预算是政治过程的核心问题之一，预算是贴着价格标签的政策目标，它反映了政府的目标和意图（Wildavsky，1964）。在这个意义上，公共预算的本质特征是政治的，涉及“谁在什么时候、怎么样、得到什么”的问题（拉斯韦尔，2009）。赫克罗、威尔达夫斯基更是形象地指出，“金钱万能。它表达了人类和国家的目标”（Heclo，Wildavsky，1977）。鲁宾认为，公共预算反映了政府做什么和不做什么，反映了支出上的优先权，反映了公民偏好和选区利益，反映了政府决策向利益集团和公众的开放度，也反映了不同的个人和组织影响预算结果的相对权力，而这都是预算政治性的典型表现（鲁宾，2001）。

从过往文献来看，基于预算政治学的理论视角，渐进主义预算理论一度被认为是最具有解释力并且最具主导性地位的公共预算理论。这一理论始于美国政治学家查尔斯·林德布洛姆在20世纪50年代末及其后的一系列研究中所提出的渐进主义决策模型（Lindblom，1959；1977；1979）。通过对全面理性决策模型的批判，林德布洛姆及其同事提出，有限理性决策模型应当是实际政治决策过程中的一种有效方式。决策者由于受到知识完备性、时间以及利益集团冲突下难以达成一致同意等种种因素的限制，难以完全评估政策方案的后果（Pal，2011），由此出现了由于政治冲突、时间限制、有限信息而导致的全面理性的不可能（Hayes，1992）。威尔达夫斯基于1964年出版了《预算过程中的政治》（*The Politics of the Budgetary Process*）一书，将渐进主义决策过程理论推广到公共预算领域，将其理论阐发为渐进主义预算模型（Wildavsky，1964）。《钱袋子的力量：国会拨款中的政治》（*The Power of Purse：Appropriations Politics in Congress*）一书通过对美国国会和拨款过程的深入研究，成为有关渐进主义预算理论的又一力作（Fenno，1966）。自有限理性理论和渐进主义范式兴起后（Simon，1957；Lindblom，1959），研究者们逐渐意识到，囿于认知能力、时间、信息等主客观条件的局限，决策者在预算过程中存在着适度简化（aid to calculation）和追求满意解（satisfying）的特征

(Wildavsky, 1964; Davis et al., 1966)。在实际的公共预算中，决策者往往只会考虑那些与现行政策工具差异不大的政策。此外，预算资金的分配与制度结构和政治利益密切相关，在共识基础上的分配可以有效减少政治冲突（Lindblom, 1979; Sharkansky, 1968）。根据渐进主义的预算理论，公共预算的制定往往是在上年基础上的“小修小补”，预算变迁的最终结果是渐进的（Dempster, Wildavsky, 1979; Davis et al., 1966; Fenno, 1966）。

渐进主义预算模型因其强大的现实洞察力和理论解释力，不断引发着学界的思考与关注，得到不同学者的支持与反驳。渐进主义的支持者通常使用某一时期的预算总量或者单一机构或科目的预算总量进行检验，发现预算的变化和波动常常维持在较小的范围之内（Davis et al., 1966; 1974; Reddick, 2002; 2003）。对渐进主义的批评者而言，在该理论中，预算过程大大被简化了，并且渐进主义存在概念模糊、无法证伪等特点（Berry, 1990; Padgett, 1980）。贝里认为渐进主义是一个“令人困惑的概念”，具有十二种可解释的意涵，会让研究者产生误解（Berry, 1990）。有研究者指出，渐进主义预算的实证研究方法有着根本性的谬误，不应当采取判断预算波动是否超过特定区间的方式，因为这一标准会随着研究者人为的取值变动而发生改变（Tohamy et al., 2006; Padgett, 1980）。与此同时，越来越多的研究发现，不同政府分支以及不同政府层级的预算波动存在差异（Natchez，Bupp，1973；Usher，Cornia，1981；Kelly，Rivenbark，2008；Padgett，1980）。此外，间断均衡理论的支持者直言，渐进主义预算理论已经面临着雪崩式的失败（True，2000），它无法解释在实际预算过程中观察到的大量的渐进变迁与剧烈变化并存的局面。帕吉特指出，渐进主义将预算决策视为一个简单的线性过程，忽视了预算以及决策过程的复杂性（Padgett，1980）。

对渐进主义预算理论的不满激发了新理论的产生。鲁宾在《公共预算中的政治：收入与支出、借贷与平衡》（*The Politics of Public Budgeting：Getting and Spending，Brrowing and Balancing*）一书中谈道，预算并不能简单地被描述为一个年度之间很少发生变化的过程。随着利益集团权力的消长，预算过程中竞争的增减，以及预算过程本身随着时间而发生的变化，预算决策也会发生变化（鲁宾，2001）。基于此，鲁宾提出了预算过程理论，至今仍然深刻影响着公共预算领域的研究。在鲁宾看来，预算过程研究是将预算决策过程划分为不同的阶段（这是基础），然后再通过将预算决策过程的不同阶段分配给特定的参与者或者集团，并对这些决策进行协调。如果进一步对预算过程中的政治进行分类，则可以区分出宏观政治和微观政治两类影响预算过程的因素，其差别主要在于预算过程的参与者试图影响决策的范围和层次。此外，有关预算过程的研究认为，影响预算过程的主要可变因素包括目标、预算权力分配、预算编制技术、政府层级差异等。鲁宾的研究开辟了预算决策过程研究的先河，对研究者通过探寻预算过程中不同的权力和利益关系来研究公共预算也具有鼓励的作用。

预算政治学视角下的公共预算研究侧重于对预算过程的描绘和刻画，这些理论家对于预算结果的认识大多停留在预算是渐进变动的这一范畴。20 世纪 90 年代，公共政策领域出现的间断均衡理论，通过与公共预算研究的结合，打破了渐进主义预算理论近三十年的主导地位。美国公共政策学者弗兰克·鲍姆加特纳和布赖恩·琼斯于 1993 年出版了《美国政治中的议程与不稳定性》(*Agendas and Instability in American Politics*) 一书，系统阐发了间断均衡理论（Boumgartner，Jones，1993）。间断均衡理论产生于政策过程研究，被认为是“以议程为基础”的预算理论（Jordan，2002）。在间断均衡理论者看来，公共预算的变动与政策议程的变化和转换密切相关，公共预算体现了哪些项目被提上议程，而哪些议题被决策者忽略。间断均衡预算理论主要产生于对渐进主义预算理论的批判和反思。借鉴帕吉特提出的通过概率分布对渐进主义预算理论进行考察的开拓性方法（Padgett，1980），琼斯及其同事通过观察 1947—1995 年美国国家预算的变迁，发现了预算间断均衡的特征（Jones et al.，1998）；乔丹的研究将这一研究范式扩展到了美国地方政府的层面（Jordan，2003）。简单而言，他们的研究建立在渐进式预算变迁的概率分布应当服从正态分布的研究假设之上。然而，通过观察实际的预算数据，他们发现，预算变迁并非呈现渐进主义所描绘的简单状态，而是在大量渐进变化的同时，夹杂着少量剧烈的预算削减或增加（见图 1-1）。这一特点随后被称为“间断均衡”式的预算变化，其中，间断指预算金额的剧烈变化，均衡则形容那些围绕在均值附近的边际调整。与此同时，更多来自多个国家、不同层级政府中的预算证据也显示出了间断均衡特征的普遍存在（Mortensen，2005；Baumgartner et al.，2006；Breunig，Koski，2006；Guragain，Lim，2019；Chan，Zhao，2016；Sebók，Berki，2017；Breunig，Koski，2012；Téllez，2016；Park，Sapotichne，2020）。

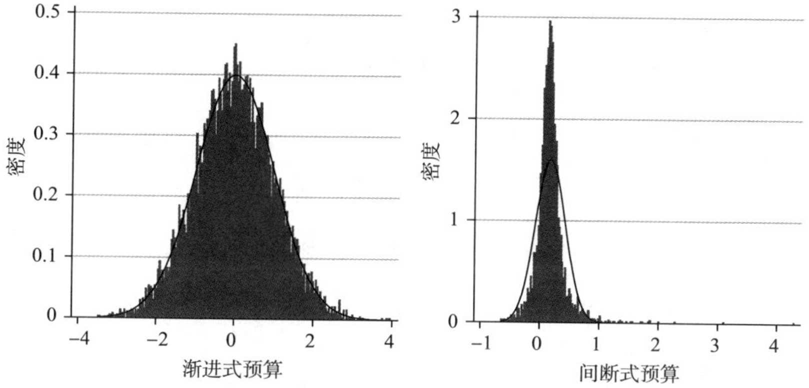

图 1-1　渐进式预算与间断式预算

预算变迁中的间断均衡逐渐被认为是“普遍性法则”（general law）（Jones et al.，2009），间断均衡的预算理论一跃成为西方学术界研究和讨论的前沿热门话题。有学者统计，自“间断均衡预算理论”诞生以来，发表在公共管理英文刊物的相关研究多达 393 篇，其中《政策研究杂志》（*Policy Studies Journal*）

有59篇，《公共政策杂志》（*Journal of Public Policy*）有17篇，《美国政治科学杂志》（*American Journal of Political Science*）、《政策科学》（*Policy Sciences*）、《治理》（*Governance*）、《公共行政研究与理论杂志》（*Journal of Public Administration Research and Theory*）分别有11篇、9篇、8篇和7篇。从这些研究来看，学者们试图进一步对预算间断均衡的原因和影响因素进行解释。鲍姆加特纳和琼斯以美国公共政策过程为研究对象，搭建起一个“以议程为基础”“以注意力为核心”的理论框架，尝试从有限理性和议程设置的角度，解释预算与政策变迁中的间断均衡模式为何出现。一方面，受到认知局限的决策者往往是有限理性的，决策者和政治体系在处理信息时往往只能“序贯”处理而不是“并行”处理，突出表现在稀缺的注意力无法时刻关注到决策环境中的所有议题。这一注意力瓶颈的存在成为决策者注意力转移的基础，那些得到决策者关注的议题更有可能产生剧烈的政策变迁，而被决策者忽视的议题则会在既有状态下维持原有均衡。另一方面，特鲁、鲍姆加特纳和琼斯强调美国政治体系中管辖交叠、职责交叉的子系统政治对政府议程的竞逐（True，Jones，Baumgartner，1999），由此产生了政策变迁的内生动力。可以说，鲍姆加特纳和琼斯提出的间断均衡理论提供了一个从公共政策角度解释预算变迁的理论路径。通过强调决策者和制度结构这类内生于决策体系的因素，间断均衡预算理论开辟了一个丰富的研究领域（Jones，Baumgartner, 2012)。大量来自西方国家的实证研究饶有兴致地对预算间断均衡现象进行解释，学者们提出了包括预算类型（Ryu, 2011）、科层制（Robinson et al., 2007）、政策过程中的制度摩擦（Jones et al., 2003）、官员权力（Breunig, Koski, 2009）、机构改革（Robinson, Caver, 2006）、议题复杂度（Epp, Baumgartner, 2016）、制度能力（Epp, 2018）等研究视角在内的解释路径。

曾有很长一段时间，国内的公共预算研究被经济学所垄断。马骏和於莉认为，“政治学和公共行政学界对预算研究的‘无人问津’是一个令人困惑的现象”，这一领域的研究亟待加强（马骏，於莉，2005）。他们也指出，中国的公共预算研究仍然缺乏理论化的努力，并且较少地运用现代社会科学研究方法对经验事实进行总结和分析。在近二十年的发展中，基于预算政治学视角，国内学界对公共预算理论化的努力逐步展开，涌现出一些饶有趣味的研究成果。一类是依托预算政治学和预算过程的理论视角，对宏观的预算过程及其参与者的目标、冲突和互动机制进行研究。如马骏等人的研究大量使用案例法、问卷调查法等研究方法，对我国省级及以下的预算过程进行了较为细致的描述和刻画，并提出“预算产权制度”和“行政预算体系”等分析框架，建立了国内较早的公共预算过程理论（马骏，侯一麟，2004；2005；於莉，2007）。另外一些研究则从区分正式制度和非正式制度的角度，采取案例研究法对中国公共预算过程进行研究，认为非正式政治是中国公共预算过程的一大特征（马骏，侯一麟，2004；刘亚亮，林慕华，2014），非正式制度的视角为我们更好地理解预算过程中的权力互动和利益冲突提供了切入点。还有一些研究侧重于行政官员个体这样一个更为微观的视角，通过从官员任职结构、个人特征以及激励机制等角度来理解预算过程和预算变化。周雪光（2005）从组织分析的视角提出“逆向软预算约束”的分析框架，试图理解地方政府在管辖区内向下属单位及个人摊派各类名目税费捐款，以便获取预算外资源的行为。此外，大量研究在基于官员个体理性的“晋升锦标赛”理论范式下，探讨了官员个体特征（如年龄、性别、受教育程度、民族等）和任职结构（如任职经历、年限等）对地方预算、财政支出结构、公共债务等问题产生的影响（周黎安，2007；2008；庞保庆等，2018；杨良松，庞保庆，2014；杨良松，2013；卢洪友等，2011；余锦亮，卢洪友，2018）。最新的一些研究显示，我国官员流动制度在预算领域产生的一个重要结果是各省在社会支出上的“趋同化”（Zhu，Meng，2020）、在经济建设支出上的“力争上游”（姚东旻等，2020）。

从过往文献来看，基于政治学、行政学、组织学和经济学的不同研究范式，国内有关公共预算的研究取得了较为丰硕的成果。然而，时代在变化，理论在发展，不难看出，国内的公共预算研究，特别是预算过程研究陷入了库恩所言的“常规科学”的状态，在较长的时间内都未产生突破性的理论和经验成果，尤其是在理论的前沿性上与国际学术界有一定差距，亟须政策过程视角下研究公共预算的理论化努力以及相关的实证讨论。那么，接下来重要的问题是：中国的预算变迁具有什么样的特点？是渐进主义的还是符合间断均衡的特征？这些变迁模式背后又隐藏着怎样的政治、权力和制度关系？笔者注意到，随着间断均衡理论的发展，研究者也逐步将关注和研究的对象从西方发达国家扩展到转型和发展中国家（Sebők，Berki，2018；Jones et al.，2019；Brasil et al.，2020；Olaniyan，Efuntade，2020）。基于这一研究视角，间断均衡理论下的预算研究也在中国场景中得到了一些应用。通过检索中国知网、谷歌学术等文献检索系统，有六篇以中国为研究对象的文献，分别在单一领域（邝艳华，2015；彭铭刚，2013）、中央以及省级预算中对间断均衡变迁特征进行了研究（李文钊等，2019；Chan，Zhao，2016；曹堂哲，郝宇华，2020；李文钊等，2021）。笔者将在后文对现有国内研究进行详细述评。

总体而言，有关中国预算变迁的有力度的、与中国现实密切结合的研究成果仍然十分有限，有待进一步完善和拓展。一方面，现有研究成果主要停留在从有限的政策领域或政府层级对预算间断均衡特征进行描述与比较的阶段，仍然没有在中国的制度体系中构建起分析影响预算间断的因素的框架。我们仍然对于预算间断均衡现象在中国决策环境下的产生原因和机制缺乏理解，也难以通过将间断均衡理论应用于中国场景而获得更抽象和普遍性的认识。另一方面，现有研究囿于数据时期、研究视角、分析方法等限制，尚不能为我们展示中国不同层级政府中预算变迁特征的全貌。因此，中国公共预算的特点仍然是我们的研究兴趣所在：间断均衡理论视角下的中国公共预算变迁具有什么特点？不同层级的预算，特别是中央与省级预算的动态过程具有什么特征？进一步地，哪些因素影响了预算变迁的间断均衡特征？如何理解决策者和制度对预算动态变化的影响？

基于此，本书将研究目标设定为，将间断均衡理论视角下的预算变迁问题拓展到中国的制度体系与政策过程中进行研究。为实现这一研究目标，本书将从如下子问题入手，对中国公共预算变迁问题进行研究：

（1）中国的公共预算变迁是否存在间断均衡的特点？不同类别的预算间断程度有何差异？

（2）纵向来看，不同层级的公共预算在间断程度上存在何种特征？

（3）横向来看，次国家层面的不同地区公共预算间断程度有何差异？地区内部的预算变迁过程有怎样的动态特征？

（4）基于间断均衡理论，如何在中国的制度环境和政策过程中构建一个对预算变迁间断均衡进行分析的理论框架？

（5）进一步地，决策者有限理性与来自决策过程的制度摩擦如何影响预算间断程度的变化?

本书希望在理论分析与实证检验相结合的基础上，对上述问题进行深入研究和探讨，引起公共管理学界对预算间断均衡变迁这一研究领域的关注，从而进一步为公共政策理论在中国的发展，以及理解和把握中国政策过程的特点提供知识积累。

1.2 研究价值

研究中国公共预算变迁中的间断均衡，尤其是其与决策者有限理性和制度摩擦的关系，在研究主题的选择上具有创新价值。具体来说，本书的创新之处包括以下三个方面:

首先，本书拓展了间断均衡理论本身的应用场景，在研究时期、研究领域以及测量方法方面进一步完善了现有研究。近年来，中国公共管理学界也在关注间断均衡理论的相关研究，特别是在政策过程和案例分析的研究方面取得了一些进展，但在预算领域的相关应用则仍然相对有限。邝艳华（2015）在环保领域发现了预算间断均衡的变迁特点；陈君诺与赵爽（Chan，Zhao，2016）利用我国 28 个省级行政单位的预算数据证实了间断均衡特点的存在，并认为各省的劳动抗争解释了为何会有这种预算变迁的特点；李文钊等（2019）首次提供了有关国家预算、中央预算以及省级预算变迁中存在间断均衡的直接经验证据，然而囿于研究时段限制，仅研究了 2007 年以来的预算变迁结果。李文钊等（2021）进一步尝试对中国的预算间断均衡做出解释，证实了所得税改革和政治周期对预算间断均衡存在影响。可以看出，上述研究囿于预算领域、研究对象和层次、数据时期以及研究方法等问题，并不能为我们提供一副清晰的图景。本书则从时间上和空间上进一步补充了有关中国预算间断均衡变迁的事实证据。

其次，本书的研究没有停留在发现和证明中国的预算变迁中存在间断均衡的特点上，而是通过对间断均衡理论的分析，特别是结合中国的制度变迁与政策过程，进一步构建分析框架，对预算间断均衡现象进行解释。间断均衡理论的两个分析基点分别是有限理性与制度摩擦，前者与决策者注意力和决策环境中的信息供给有关，后者则往往来源于制度结构变动，以及参与者讨价还价形成的相关成本。结合中国的制度变迁与政策过程，本书首次发现和证实了省级预算间断变迁的过程中，省级官员的职位整合能够对预算间断程度产生影响。

最后，为实现本书的研究目标，笔者构建了值得深入挖掘的多源实证数据库，并且综合运用多种统计与计量的定量研究方法，提供了较为可靠的实证检验证据。具体来说，通过资料收集与整理，本书构建了自1995年以来，以一般公共预算功能分类支出为基础，中央预算与31个省级行政单位（除港、澳、台外）预算间断变迁的数据库，成为深入研究不同时期、不同类别以及不同层级政府预算间断均衡现象的数据基础。中国的地方官员往往被认为有能力、有激励影响预算过程，所以，为探究官员职位变动对预算间断的影响，笔者搭建了1996—2017年中国31个省份内省级官员职位流动的数据库，以反映官员的个人特征、政治联系以及任职情况，实现了预算间断理论在纵向选官体系中的首次应用。此外，考虑到本书研究目标的复杂性，笔者综合运用正态性检验、频率分布直方图、峰度统计量以及多元回归方法进行研究。

本书在理论方面的价值主要在于：第一，公共预算作为理解政治过程和政策变迁的核心内容，一直是我们的研究兴趣所在。如前文所述，预算领域囊括了来自政治学、经济学等多学科视角的研究与讨论，而间断均衡理论的研究视角将为我们理解政府预算开辟新的方向。对间断均衡理论本身而言，本书的研究通过在中国决策情境中检验间断均衡理论，提高了间断均衡理论的外部有效性。在过去的十几年里，预算变迁的间断均衡研究主要聚焦于西方国家，如美国、法国、丹麦、英国等，有关中国的原创性成果寥寥无几，真正有助于理论发展和运用的研究仍然匮乏。预算变迁中的间断均衡现象源于个人和组织的有限理性，也源于制度结构形成的制度摩擦，客观来说，这些内生于政策变迁过程的影响因素是具有普遍性的。通过证实中国预算变迁中存在间断均衡现象，将间断均衡理论进一步推进到转型中的中国场景之中，不仅有助于检验间断均衡理论的有效性，而且为进一步进行跨国、跨地区、跨部门的比较奠定基础。

第二，本书试图在理解预算间断均衡的基础上，与现有经典理论与模型进行对话并进行反思。预算间断在中央和省级预算的发现与证实，挑战了传统的渐进主义预算理论。经验证据显示，预算间断不仅存在于西方国家的预算支出中，也存在于我国中央与省级预算变迁之中，并且不同类型预算支出的间断程度也存在差异。这对学界研究预算过程和政府支出行为指明了方向和提出了新的挑战，原因在于，从渐进主义的分析视角来看，政策过程往往会处于政治僵局（gridlock）而停滞不前，学者们过度关注对参与者及利益结构进行静态分析。而预算间断均衡的研究视角则让我们可以退后一步、扩大景深，在更长的时期内，以动态的视角考察预算和政策过程的变化，特别是那些剧烈的预算间断往往呈现了政策体系和决策者之间的互动过程。此外，官员晋升锦标赛是解释中国经济增长和制度特点的经典模型（周黎安，2007；Huang，2002），本书的研究与此支文献亦有对话，并有所补充。一方面官员存在认知局限和有限理性，在决策过程中会出现明显的注意力瓶颈；另一方面，基于委托代理关系的晋升锦标赛事实上仅仅强调了纵向激励，对于横向职位之间的权力分配与协调配合产生的影响并未深入探讨，本书则提出，基于“注意力—议程”的理论框架也会对预算间断变迁产生实质性影响。

第三，这项研究具有很强的现实意义和社会关怀。一是，对当今中国来说，财政与人事是理解中国国家治理的两个重要维度。一方面，财政与预算活动是政府运行的基础，是国家治理的重要支柱。因此，财税预算制度理所当然地成为现代国家治理的基础性制度。当前，我国的改革与发展进入深水区，许多与国家治理现代化密切相关的难点、痛点亟待解决。在新的历史方位下，现代财政要承担起统筹社会各项制度的责任，以更好地发挥财政在国家治理中的效能。本书的研究从政策过程视角拓展我们对预算变迁特点和预算行为的认识，有助于我们更好地理解、把握预算决策和变迁过程，以及决策者、政策议程和制度结构在其中发挥的作用，进而为构建现代财政与预算制度、提高预算透明度、完善预算对政府行为的约束等重要问题提供知识积累。另一方面，有关中国官僚体制方面的制度与人事安排及其演变是我们关注和思考当下中国国家治理的重要切入点。中国疆域广袤，中央集权与地方有效治理之间的矛盾使得治理实践中产生了大量正式与非正式制度上的差异。本书的研究以省级地方官员的干部管理制度及其变迁为切入点，基于政策过程中间断均衡理论的透视镜，讨论了财政与人事制度之间的关系，有助于从关键领域揭示中国治理的密码。

二是，公共预算是一个复杂的研究领域，其中往往牵涉和交汇着大量政治、经济与行政因素。只有深入研究政府预算，才能进一步加深我们对中国制度变迁与国家治理的理解与认识。一方面，公共预算是政府活动的直接记录与表现，通过研究预算动态变迁，我们可以从更为长期和综合的视角来分析政府的政策活动和职能变化。预算间断均衡的视角也为我们揭示了不同层级政府、不同地区之间的预算变迁差异，为我们探究制度性因素对预算带来的影响提供了新的思考方向。另一方面，预算植根于制度环境，受到来自制度、决策者以及权力的影响。在中国的制度环境中寻找影响预算间断的原因，也有助于丰富和深化我们对于机构改革、省级官员职位设置等的财政效果及现实意涵的理解。

1.3 研究层次

为准确而全面地检验中国预算变迁的动态特征，适当的研究层次和研究对象是首先应当考虑的问题。本书研究层次的选择涉及两个方面。(1) 预算支出的动态变迁与特定政府层次相关。评估中国预算变迁的模式与特点，需选择合适的政府和预算层级进行研究。根据我国《预算法》规定，国家实行一级政府一级预算，设立中央，省、自治区、直辖市，设区的市、自治州，县、自治县、不设区的市、市辖区，乡、民族乡、镇五级预算。本书聚焦于前两级政府预算的变化，具体包括中央政府预算，以及 31 个省级行政单位（除港、澳、台外）的政府预算。这一选择有三方面原因：其一，从间断均衡预算研究的政府层级来看，学者们通常将政府预算首先分解为中央和地方

（或者联邦和地方）两个层级进行考察。例如有学者对美国的研究便是从国家预算中发现了间断均衡现象（Jones et al., 1998），而后续研究进一步将这一做法推广到了美国各州（Breunig, Koski, 2006）。其背后的理论逻辑在于，不同层级的政府往往有着不同的职能权限，因此促使预算支出进行调整的影响因素也存在差异。在我国的政治体系中，中央政府有宏观调控、统筹各方的职能，其预算变迁应当更注重政治性因素的考量（闫小骏, 2017），是非常值得研究的政府层级。而在中国单一制、多层级的纵向政府体系中，省级政府处于承上启下的位置：一方面，与中央政府直接互动，落实中央层面的政策与工作（肖滨，卜熙, 2020）；另一方面，省级政府又是统领地方辖区事务的最高层级政府组织，有较大的政策制定权，也能够对省内政策过程产生实质性影响。有关官员流动与兼任的大量制度安排也在省级层面出现。因此，研究的起点应当是对国家预算进行区分，分别检验中央政府和省级政府各自的预算变迁特点。其二，从预算间断均衡研究的一般方法来看，需要使用一般公共预算功能分类的预算支出进行量化与检验。这一做法实际上对财政数据的质量和数量提出了较高要求。换言之，应当尽可能选用长时期的、多功能分类的、记录准确的财政数据，以保证研究的有效性与准确性。考虑到研究时期与预算统计质量，我国省级以下政府预算存在数据不详、缺失严重以及统计偏误等问题，不能很好地实现本书的研究目标，因此本书最终选择中央和省级预算作为研究对象。

（2）在对预算动态变迁问题进行理论解释时，间断均衡理论是从决策者的认知能力与制度体系的特点两方面入手的。本书的研究目标之一就是对中国预算间断动态特征进行理论分析与实证检验，而这部分研究工作的有效实施，有赖在中国的制度场景中，找到既对中国政策过程具有解释力度的理论视角，又在时间和空间上存在制度差异的研究对象。为此，笔者选择的研究路径是，在以省级官员为主体的政策和预算过程中，考察省级官员的晋升激励、职位流动和制度性权力的制度设置对地方预算过程带来的影响。本书基于地方官员个体层面对预算间断均衡进行解释，主要是基于如下三方面的考虑。首先，过往诸多研究显示，中国的省级官员有能力、有激励影响地方预算过程。一些研究从晋升锦标赛入手给出基于官员个体激励的解释（周黎安，2007；Huang，2002；杨良松，庞保庆，2014），其逻辑是，在一个由中央掌握的、下管一级的官员选拔锦标赛模型中，官员的理性选择在于高效完成考核指标，凭借突出的经济和治理绩效获得晋升。因此，省级官员（特别是省委书记、省长）有强烈的个人激励通过制定政策、引导地方预算支出结构来实现个人的晋升目标。也有一些研究强调了正式制度与非正式制度对预算过程带来的影响。我国的省级预算过程通常采用的是党委和政府主导的“行政预算体系”（马骏，侯一麟，2005），不仅会受到地方人大监督制度差异的影响（张树剑，

2011)，还会受到来自政府内部官员之间、部门之间的预算产权结构这类非正式制度的影响（马骏，侯一麟，2004）。所以，省级预算过程中存在的来自决策者的影响和制度差异，为我们提供了一个检验本书分析框架的研究场景。其次，针对议程和注意力的研究，最关键的是先要寻找政策过程中有影响力的参与者（Brasil et al.，2020），并关注他们在政策过程中互动的制度结构。在理解中国地方预算过程的研究中，党委和政府主导的“行政预算体系”是制定公共预算的主体（马骏，於莉，2005），地方人大则具有审批和监督预算的权力。所以，在省级预算过程中，针对省级官员及其所处的制度结构的分析是我们进行研究的重要出发点。为此，本书将从政策过程的研究视角出发，依托决策者注意力与制度结构的分析框架，基于省级官员及干部管理制度带来的制度绩效和各省差异化的政治实践，提供其对地方预算过程产生影响的实证证据，弥补现有研究的缺憾。此外，必须提及的是，有学者指出，在多层级的中国政府体系中，省级干部管理制度设计也形成了纵向差异化的格局（肖滨，卜熙，2020），在时间和空间上形成的自变量差异有助于定量检验和因果分析。

1.4 研究方法

科学研究的核心问题在于对变量间的因果关系做出判断。

自20世纪50年代以来，实证主义的研究取向一直在社会科学发展的过程中占有举足轻重的地位（陈晓萍等，2012）。本质上，实证主义的研究方法倡导使用现实收集的数据，对预先建立的研究假设进行检验，如果数据结果与研究假设一致，则代表假设可以接受，反之则拒绝研究假设，以此获得清晰的因果推论。研究目标的实现和对理论假设的检验有赖科学合理的研究方法。本书采用实证主义的分析路径，运用搜集与处理后的经验数据，对相关研究假设进行检验，以获取对研究问题的因果认识。对经验性研究资料进行处理和分析的路径有定性分析与定量分析两种。本质上，定性研究是基于归纳法的研究方法，是一种由研究者对特殊或者个别现象进行归纳分析，从而获得一般性认识的过程。但定性分析往往只能对个案式的研究进行解释，无法获取有关研究对象的普遍性特征（巴比，2009）。定量研究方法则是一个从一般到特殊的演绎法研究过程，也就是说，定量研究方法往往从一般性的前提出发，通过演绎和推理得出具体情景中的研究命题，然后加以检验。根据本书的研究目标与思路，笔者通过定量分析法进行研究，以便对预算变迁的动态过程提供较为精确的认识；并且通过大样本的方法，在中国的政策过程中，检验有关注意力—制度分析框架如何影响政策和预算间断的理论命题。

研究预算的间断均衡变迁，主要在于研究剧烈变化出现的频率。过去，大量的预算理论和分析被限制在仅仅关注那些微小的、渐进的预算变化。而从现有研究来看，学者们主要采用关注极端值的方式和随机过程方法进行研究。通过研究方法的创新和借鉴，寻找和发现那些预算变迁中的极端值，可以为预算变迁的研究提供更多信息和证据。乔丹在一项关于美国地方政府预算变迁的早期研究中指出，对于极端值的出现应该给予重视（Jordan，1999）。大多数的数据处理和回归分析对极端值的出现异常警惕。除去那些数据存在问题的特殊情况，研究者往往会采用忽视或者剔除的方式，人为地、片面地对异常值进行处理。这是因为在回归分析中，极端值的存在会对回归结果造成严重影响，以至于使结论出现谬误或者掩盖真正的信息（Jordan，1999）。然而，这些做法在预算研究中却大大削弱了研究的可靠性。正如前文所述，预算变迁和预算过程是一个政治过程，反映了偏好的排序和变化（Rubin，1990）。因此，那些剧烈的预算调整往往蕴藏着来自决策者、权力与制度的复杂互动，对这些间断式预算变化的忽视会影响我们对预算理论的建构和对其了解（True，2000）。

正如布鲁尼格和琼斯指出的那样，近年来，政治学和公共政策研究不再仅仅依靠均值的变异来解释问题，而是正在日益关注因变量分布的随机特征，并试图对因果机制进行解释（Breunig，Jones，2011）。具体而言，通过随机过程的研究方法，我们可以关注随机变量的分布状况，并使用高阶矩的统计量对其进行描述，构建理论和检验假设。根据布鲁尼格和琼斯的研究，随机过程方法具有如下几方面的优势：首先，随机过程是基于变量随机性的假定而产生的研究方法，所以，对于那些无法明确建模和界定的社会现象进行探索性分析时，随机过程方法是一种有效的研究方法。在社会科学研究中，当分析从均衡系统扩展到复杂系统时，诸多扰动因素的非线性互动会给分析过程带来挑战。随机过程方法则可以作为有效的分析工具，对那些由于复杂性和不确定性而无法准确进行模型设定的社会现象进行研究。其次，随机过程方法允许研究者在缺乏大量理论知识的情况下，通过初步的类型学研究和因果机制分析，形成有关研究对象的经验性概括。最后，随机过程方法可以在无法为关键的解释性概念提供合适的测量方法时，替代回归分析方法（Breunig，Jones，2011）。我们可以将对随机变量分布状况的观察，作为建模和检验的起点。

在预算间断均衡的研究中，学者们也大量运用了随机过程方法（Breunig et al.，2010；Baumgartner et al.，2006；Breunig，Koski，2006；Brasil et al.，2020；Park，Sapotichne，2020；Chan，Zhao，2016；Sebók，Berki，2017；Kwon，Gonzalez-Gorman，2019；Ryu，2011）。帕吉特（Padgett，1980）、琼斯与鲍姆加特纳（Jones，Baumgartner，2005）给出了对预算变迁状况的基本判断逻辑：如果预算变迁是渐进式的，那么预算变迁分布应当符合正态分布。否则，我们则可以认为，预算变迁存在间断均衡现象。

据此，对中央和各省份的预算变迁数据进行实证检验时，本书运用随机过程方法，进行四个方面的分析。下述图形、统计与计量的相关实证分析，笔者均使用 Stata 14 软件进行。

1.4.1 图形的分析

本书使用频率分布直方图和分位数图以直观展示预算变迁中存在的间断均衡特点。在预算间断均衡的研究中，研究者大量使用频率分布直方图对预算变化的分布与正态分布进行比较（Jones，Baumgartner，2005；Jones et al.，2009；Baumgartner et al.，2006；Sebók，Berki，2017），这一方法也逐渐成为预算间断均衡实证研究的一种主流方法。频率分布直方图能够反映样本的频率分布规律，可以为预算间断均衡特点的存在提供直观的证据。那些集中在预算变迁分布图尾部的剧烈变化直观地显示出，预算变迁中同时存在渐进变化与剧烈变化。对此，本书将绘制研究对象的频率分布直方图，并使之与正态分布曲线进行对比。具体而言，符合正态分布的频率分布直方图是一条标准的钟形曲线（见图 1-2），在预算间断均衡的研究者看来，这是随机决策状态下产生的预算结果所具有的分布特征，即符合渐进主义预算决策的特征。而与正态分布相对应的随机变量的概率分布可分为尖峰态（leptokurtic）与低峰态（platykurtic）。其中，尖峰态在图形上表现为“尖峰”与“厚尾”的特征，即数据分布由大量靠近均值的值与少量变动幅度较大的值构成；低峰态则与此相反。利用频率分布直方图，我们可以直接比较所观测的分布与正态分布之间的差异。当预算变迁呈现尖峰态，即在出现大量渐进变迁的同时，也在尾部存在剧烈的预算变化时，则证明预算变迁中间断均衡模式存在（True，Jones，Baumgartner，1999）。

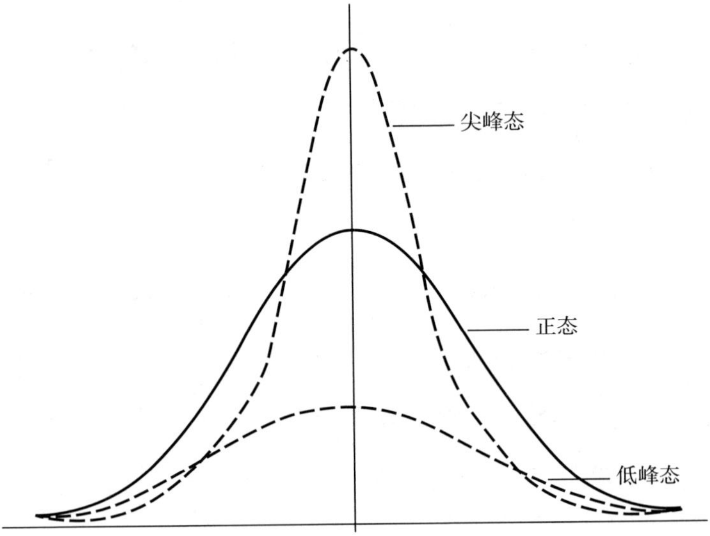

图 1-2　标准正态分布与尖峰态、低峰态对比

同样地，分位数图是一种检验样本数据分布情况的图形方法（Guragain，Lim，2019）。通过比较样本数据和已知分布的分位数，分位数图可以对样本数据的分布情况进行检验。具体而言，分位数图是以正态分布的分位数为横坐标，样本值的分位数为纵坐标构成的散点图（见图 1-3）。要想通过分位数图判断样本数据是否近似于正态分布，就需要观察分位数图上的点是否分布在一条穿过原点的45度直线附近，图形是直线则说明是正态分布，而且该直线的斜率为标准差，截距为均值。如果分位数图是直线，当该直线与坐标轴45度角并穿过原点时，说明数据分布与给定的正态分布完全一样；如果与坐标轴成45度角但不穿过原点，说明均值与给定的正态分布不同；如果是直线但不与坐标轴成45度角，说明均值与方差都与给定的分布不同。除了判断样本数据的正态性之外，分位数图还可以提供有关样本数据偏度和峰度的粗略信息。一般来说，散点图中有一段是直线，在两端存在弧度，则可说明峰度的情况。如果分位数图中间部分是直线，但是右边在直线下面，左边在直线上面，说明分布的峰度大于3，反之说明峰度小于3。图形是曲线图，说明数据结构不对称，提示偏度的存在。

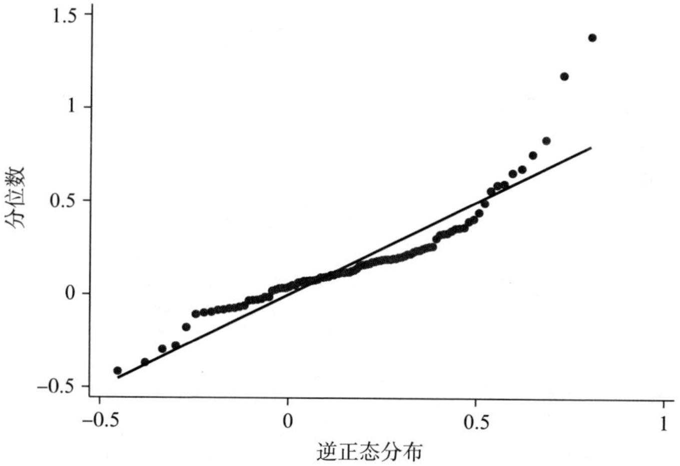

图 1-3　正态分位数图示例

1.4.2 正态性检验

为进一步给出统计意义上的证据，本书通过 Kolmogorov-Smirnov 检验（简称 K-S 检验）和 Shapiro-Wilk 检验（简称 S-W 检验）对预算数据的正态性进行检验。在这里，正态性检验的基本逻辑在于：当数据分布符合正态分布时，应当认为预算的调整和变化呈现渐进状态（Padgett，1980）。在间断均衡理论的视角下，这也意味着预算变化中受认知因素和制度摩擦因素影响较小（Jones，Baumgartner，2005；Baumgartner，Jones，2015）。K-S 正态性检验是由数学家安德雷·柯尔莫哥洛夫和尼古拉·斯米尔诺夫于 1933 年提出的非参数检验方法（梁小筠，1997）。K-S 检验可以用于比较两个经验分布是否存在显著差异，或者检验样本数据是否服从某种已知的理论分布。K-S 检验的基本逻辑是：通过计算数据的累积分布函数、绘制累积分布曲线，并计算其与已知理论分布累积分布曲线之间的最大垂直差，来描述实际数据与理论分布的差异，并检验拟合程度。K-S 检验的特点是：适用于连续和定量数据；既可以用于大样本，也可以用于小样本。此外，K-S 检验不需要对样本所在的总体进行假定。

K-S 检验被定义为：

H_0： $F(x) = F_0(x)$

其中，$F(x)$ 是总体的分布函数，$F_0(x)$ 是完全确定的、连续型分布函数。

H_1: $F(x) \neq F_0(x)$

样本分布函数

$$F_n(x) = \begin{cases} 0, & x \leqslant x_{(1)} \\ \dfrac{i}{n}, & x_{(i)} < x \leqslant x_{(i+1)}, \quad i=1, 2, \cdots, n-1 \\ 1, & x > x_{(n)} \end{cases}$$

检验统计量

$$D_n = \sup_{-\infty \leqslant x \leqslant \infty} \left| F_n(x) - F(x) \right|$$
$$= \max_{1 \leqslant i \leqslant n} \left\{ \left| F_0(x_i) - \frac{i-1}{n} \right|, \left| \frac{i}{n} - F_0(x_{(i)}) \right| \right\}$$

S-W 检验是由夏皮罗和威尔克于 1965 年提出的一种正态性检验的统计方法（Shapiro, Wilk, 1965）。S-W 检验需要假设样本来自一个正态总体，通过假设检验来判断样本是否与正态分布一致。S-W 检验的特点是：通常用于相对较小样本（如样本量在 8—50 之间）的检验。由于不同统计方法之间存在差异，各有其特点，笔者对预算数据的正态分布检验也综合使用多种统计方式。

S-W 检验被定义为：

H_0：样本数据与正态分布没有显著区别

H_1：样本数据与正态分布存在显著区别

$$\text{检验统计量 } W = \frac{\left(\sum_{i=1}^{n} a_i x_{(i)}\right)^2}{\sum_{i=1}^{n} (x_i - \bar{x})^2}$$

其中，$x_{(i)}$ 是第 i 阶样本统计量，a_i 是在一个样本量为 n 的样本中，从顺序统计量的均值、方差和协方差中计算出的常数（Pearson, Hartley, 1972）。根据所计算的检验统计量，接受或拒绝原假设，便可以获得对样本数据是否服从正态分布的结论。

1.4.3 计算峰度统计量

在统计学中，峰度统计量衡量实数随机变量概率分布的峰态。峰度高意味着方差增大是由低频度的大于或小于平均值的极端差值引起的。一般来说，正态分布的峰度系数等于3，如果样本数据的峰度系数大于3，则为尖峰态；小于3，则为低峰态。预算间断均衡的研究者使用峰度统计量作为对预算间断的衡量方式（Breunig, Koski, 2006; 2009; True, 2000）。更大的峰度值，意味着样本数据中包含比正态分布更多、更剧烈的预算变化，也反映了概率分布中大规模和小规模的预算变化远多于中等程度的预算变化（Xiao et al., 2020）。在本书的研究中，笔者也使用更稳健的峰度统计量 LKurtosis 值（L-moments ratio）对预算间断进行衡量。霍斯金（Hosking, 1990）指出，线性矩（L-moments）在处理数据波动及包含异常值的样本中更具有稳健性，且其估计结果与传统矩估计一致。因此，在预算数据异常值可能更为显著的情况下，本书通过计算预算变迁的第四阶线性矩比（LKurtosis 值），来捕捉预算动态变化。这一统计量形成的观测值，也将成为本书后续实证研究的核心因变量。

LKurtosis 值的计算方式如下：假设 $F(x)$ 是随机变量 X 的分布函数，$X_{1:n} \leqslant X_{2:n} \leqslant \cdots \leqslant X_{n:n}$ 是与分布 F 相关的顺序统计量，那么线性矩 $L_r(F)$（$r=1, 2, \cdots$）被定义为（Breunig, Koski, 2006；Hosking, 1990）

$$L_r(F) = \frac{1}{r}\sum_{j=0}^{r-1}(-1)^j \binom{r-1}{j} E(X_{r-j:r})$$

第四阶线性矩 LKurtosis 值可以用来衡量分布的峰度：

$$\tau_4 = \frac{L_4(F)}{L_2(F)}$$

1.4.4　固定效应回归模型

应用计量经济学方法对变量间关系进行检验，可以使我们获得有关变量之间因果关系的定量认识（陈强，2014），有效控制那些可能影响主要机制的其他因素，获得更为科学的估计结果。回归方法的选择，有赖于对研究数据特征的判断。根据本书的研究目的，笔者建立了从 1996—2017 年间 31 个省级行政单位（除港、澳、台外）包含预算变迁和官员职位变动的数据库，上述数据均为面板数据。据此，笔者选用面板回归模型对上述变量进行估计。此外，本书的研究集中于省级层面的观测，如我们所知，中国各省份之间在经济基础、社会条件、人口规模等诸多方面存在个体差异，这些差异可能不随时间发生变化（time invariant），所以需考虑对个体固定效应进行控制，否则会对模型的估计产生偏误。而那些不随个体而变（individual invariant）的遗漏变量问题也可能存在，模型中也应当考虑对时间固定效应进行控制。笔者将在本书后续章节对计量模型进行进一步的讨论和检验。

1.5 数据来源

1.5.1 公共预算数据

本书的一个重要实证研究目标是考察中央预算与省级预算变迁的动态特征。为实现这一研究目标，笔者从公开的统计资料中采集和整理了相关的预算数据。政府预算数据是有记载、连续而可靠的政府产出的记录（Breunig，Koski，2009），在对政府行为的动态追踪与研究中具有优势。布鲁尼格和琼斯（Breunig，Koski，2011）指出，政府预算使得研究者对政府行为进行追踪成为可能，恰当地运用政府预算资料可以获得有关过去决策活动和资源分配结果的量化证据。据此，本书使用政府预算数据作为衡量预算变迁的数据基础。我国的公共预算一般分为“四本账”，包括一般公共预算、政府性基金预算、国有资本经营预算、社会保险基金预算。其中，一般公共预算数据体现了政府的基本职能，也即政府在哪些方面做了事情，这将是本书主要的研究对象。

具体而言，本书使用中国中央和 31 个省级行政单位（除港、澳、台外）的政府预算支出中一般公共预算支出的决算数据进行实证检验，数据时间跨度为 1995—2019 年[①]。本书所用数据均来源于 Economy Prediction System 数据库收录的《中国财政年鉴》及《中国统计年鉴》。因为本书强调决策过程中内生因素对预算变迁的影响，所以所有预算数据均使用 GDP 平减指数剔除了来自通货膨胀的影响。

预算间断均衡研究的一个焦点是数据的可比性。研究数据只有在尽可能多地包含与政府基本职能密切相关的预算科目，不同时期与不同地区、国家间的预算间断程度才具备可供比较的基础。2007 年预算收支分类改革前，地方财政支出共有 27 项。在剔除国防支出的基础上，本书还剔除了数据不连续的其他支出项目，以避免预算支出的异常波动，如企业流动资金追加拨款、支援农村生产支出、对外援助支出、支援经济不发达地区支出、其他部门的事业费、中央预备费、地方预备费、教育费附加支出、行政事业单位离退休经费、用车购税收入安排的支出、预算外资金改革支出和国内外债务付息支出。2007 年改革后，地方财政支出共有 14 项。本书剔除了国防支出和外交支出，同时剔除了数据不完整、不连续的工业商业金融等事务支出，将其余 12 项反映地方政府基本职能的稳定支出纳入计算范围。考虑到数据完整性，本书分别选取 1995—2006 年间 19 项中央财政支出与 10 项地方财政支出，选取 2007—2019 年

① 2007 年我国进行的预算收支分类改革，导致预算支出数据统计口径发生变化，因此本书对国家和地方预算数据的考察均分为 1995—2006 年与 2007—2019 年两个时间段。

间 13 项中央财政支出与 12 项地方财政支出，全部预算数据均未包含国防开支①。表 1-1 与表 1-2 展示了预算支出数据所包含的功能分类科目。

表 1-1　中央一般公共预算支出功能分类科目

时期	预算支出科目	
1995—2006 年	01 基本建设支出	11 行政管理费
	02 挖潜改造和科技三项费用	12 公检法司支出
	03（增拨企业）流动资金	13 武装警察部队支出
	04 地质勘探费	14 外交外事支出
	05 工业、交通、流通/商业部门事业费	15 对外援助支出
	06 支农支出（和各项农业事业费）	16 支援（经济）不发达地区支出
	07 城市维护建设支出	17 政策性补贴支出
	08 文教、科学、卫生支出（事业费）	18（税务等）其他部门的事业费
	09 抚恤和社会福利救济费	19 其他支出
	10 社会保障补助支出	
2007—2019 年	01 一般公共服务支出	08 医疗卫生支出
	02 外交支出	09 环境保护支出
	03 公共安全支出	10 城乡社区事务支出
	04 教育支出	11 农林水事务支出
	05 科学技术支出	12 交通运输支出
	06 文化体育与传媒支出	13 其他支出
	07 社会保障和就业支出	

① 国防支出可能受到国内和国际因素的共同作用（Correa，Kim，1992；Mintz，1988；True，1995），而本文仅关注国内因素对政策过程的影响，因此遵循预算间断均衡相关文献的一般做法，剔除国防支出。

表 1-2 省级一般公共预算支出功能分类科目

时期	预算支出科目	
1995—2006 年	01 基本建设支出	09 抚恤和社会福利救济费
	02 科技三项费	10 教育支出
	03 行政管理费	11 医疗卫生支出
	04 城市维护费	12 社会保障补助支出
1995—2006 年	05 公检法司支出	13 外交外事支出
	06 企业挖潜改造资金	14 武装警察部队支出
	07 工业交通部门事业费	15 政策性补贴支出
	08 科学支出	16 其他支出
2007—2019 年	01 一般公共服务支出	07 医疗卫生支出
	02 公共安全支出	08 环境保护支出
	03 教育支出	09 城乡社区事务支出
	04 科学技术支出	10 农林水事务支出
	05 文化体育与传媒支出	11 交通运输支出
	06 社会保障和就业支出	12 其他支出

特别需要说明的是，2007 年我国进行了预算收支科目分类改革，导致预算支出数据统计口径发生变化，因此本书对国家和地方预算数据的考察均分为 1995—2006 年与 2007—2019 年两个时间段。针对预算数据在 2007 年前后的可比性问题，笔者认为，预算改革前后的 LKurtosis 值是可比的。原因如下：其一，地方政府的基本职能是提供基本公共服务，预算科目的分类改革并不改变这些基本职能。其二，预算支出分类的调整基本延续了原有分类，有些仅仅是名称的调整和项目的合并，比如行政管理费及一些部门事业费统一改称为一般公共服务，武

装警察和公检法司支出合并为公共安全科目，科学、教育、文化、卫生、社保等支出都延续其原有名称。关于2007年预算数据的披露，在中央层面，因为2007年是转变计算方法的一年，因此国家统计局汇报了两种计算体系的预算数据，使得2007年的预算变化分数可以计算。在地方上，有的省份披露了两种计算方法下的2007年的数据，因此可以计算，比如北京、安徽、湖南、吉林、江苏、内蒙古等；对于其他未披露2007年两种计算方法下的数据的地区，该年度的值按照缺失计算。比起删除受到预算支出科目分类改革影响的预算值，笔者认为这样的计算方法更适合本书对于研究连续预算变迁的需求，并且可以尽可能降低对预算变迁情况的扭曲。

1.5.2 省级官员数据

本书第5章的研究目标是，在中国政策过程中解释省级预算间断性变迁的影响因素。为此，笔者主要从官员体系入手，因为省级官员被认为是有能力、有激励设置地方政策议程、影响预算过程的重要因素（马骏，侯一麟，2004；2005；杨良松，庞保庆，2014；杨良松，2013；Huang，2002；周黎安，2007）。为捕捉来自省级官员制度设置和决策过程的变化，笔者使用北京大学国家发展研究院CCER官员数据库的数据（姚洋等，2020），包含1996—2017年间31个省级行政单位（除港、澳、台外）1935个省级主要官员的职位信息和个人特征。纳入数据库的研究对象包括省委书记、省长以及省人大常委会主任。数据库包含的主要信息有两个方面：（1）职位信息，主要包括官员所任职位、任期，以及兼职与否的基本信息。（2）个人特征，包括官员的性别、出生年份、籍贯、学历、民族方面的基本信息。本书主要的数据来源包括人民网地方领导资料库、各省年鉴以及其他网络资源。由于2017年后各省份陆续开始地方政府换届，对任职流动和兼任情况产生一定异常影响，为保留完整任期和提升数据分析的可靠性，笔者在该章实证部分选取的所有数据均为1996—2017年间的数据。

事实上，国内学界已有一些研究使用和构建了各级官员数据库，研究层次的跨度为从中央到市县级主要官员。例如，2007年后，首先涌现了一批以省级官员为主要研究对象的文献（徐现祥等，2007；王贤彬，徐现祥，2008；张军等，2007）。近年来，新的研究进一步拓展到了地市级别主官的数据（卢洪友等，2011；罗党论等，2015），以及县委书记的层面（陈硕等，2019；2020），另有一些数据库对中央层面的官员和履历信息进行了拓展（姚洋等，2020）。综合考虑本书的研究目标，笔者主要从省级官员的层面进行探讨，并且弥补了过往研究基本忽视的、基于横向职位之间决策过程的动态视角，对相关研究进行了拓展。

1.5.3 经济社会统计数据

本书还关注中国政策过程中来自宏观经济、社会和人口方面的影响因素，并将其作为控制变量纳入回归模型。这些经济社会方面的统计数据对本书的研究非常重要。在探讨核心自变量与因变量之间的因果关系时，应当充分考虑和控制那些来自其他方面的影响因素对因变量的干扰，以获得更为有效和精确的估计结果。本书试图解释来自决策者和制度差异导致的预算间断差异这一核心问题，然而各省、自治区与直辖市在人口、社会情况与经济条件方面存在较大差异，如遗漏对这些因素的考量，我们就无法得知各省份在预算间断程度上的差异究竟来源于何处。笔者使用各地有关财政情况、失业率、对外开放程度、人口规模等变量，构建各省份的政策环境，作为控制变量纳入固定效应回归模型进行研究。这些数据全部来源于国家统计局网站、Wind 数据库，以及各省份的《中国人口和就业统计年鉴》《中国财政年鉴》《中国劳动统计年鉴》。

1.6 内容结构

为实现上述研究目标，本书使用七个章节有针对性地回答了相关研究问题及子问题。

第 1 章绪论主要对全书的研究主题、研究价值、研究设计以及内容结构进行总体性介绍。本书的研究目标是将间断均衡理论视角下的预算变迁问题拓展到中国的制度体系与政策过程中进行研究，对中国公共预算变迁的动态特征进行分析，并在中国省级预算决策过程中对预算的间断变迁进行理论分析与实证检验。该章阐述了研究的创新之处、理论价值与现实意义，并且对论文研究层次的选择进行了分析与论证。此外，该章还进一步说明了论文中综合运用的统计、图形与计量经济学研究方法，并且对笔者所构建的预算变迁、省级官员和其他社会经济实证数据的来源与处理过程进行介绍，为下一步的实证研究奠定基础。

第 2 章主要对全书的理论基础与分析框架——间断均衡理论的起源、发展与应用进行详细介绍。间断均衡理论的产生由两个源流构成：其一是预算渐进主义对公共预算变迁结果的“解释失灵”。作为公共预算主导性理论的预算渐进主义模型无法为预算变迁中同时存在的渐进式变迁和突变性变化提供完整的解释。对预算渐进主义理论的批判催生了间断均衡理论在公共预算研究中的应用。在该章的第一节，笔者首先对渐进主义决策理论的提出、发展进行了介绍，并详细讨论了渐进主义决策理论与公共预算研究结合而产生的预算渐进主义研究的发展、特点与短板。其二是间断均衡理论对政策过程的有力解释。作为一个政策过程理论，间断均衡理论以对“议程”的研究为核心，并强调决策者有限理性下“注意力转换”对议程的影响，以及政治体系中制度摩擦的变化对议程和政策产出的影响。因此，该章的第二节将介绍作为政策过程理论的间断均衡理论本身。笔者首先对间断均衡这一核心理论概念进行界定，阐述间断均衡概念在政策过程、政策变迁研究中的发展与运用；其次，介绍间断均衡理论的理论基础，包括对多元主义、议程设置和有限理性等理论的结合、批判与超越，并在此基础上形成以“注意力—制度摩擦”为核心的预算间断变迁的分析框架；最后，笔者运用间断均衡理论应用政策图景和政策议定场所两大分析工具，对美国公共政策变迁问题展开的相关研究进行述评。该章的第三节主要讨论间断均衡与预算研究相结合所产生的相关理论与实证研究，包括从概念和方法上对渐进主义预算理论的批判与超越，以及现有研究对预算间断均衡概念的界定、理论性与经验性解释。

第 3 章与第 4 章是对中国中央与省级公共预算间断均衡变迁的全景扫描，从事实层面提供了中国中央与省级公共预算间断均衡变迁的实证证据，并依据统计与图形检验对实证结果进行解释与说明。其中，第 3 章主要给出了中央预算变迁中存在间断均衡特征的实证证据，包括 1995—2006 年与 2007—2019 年两个时间段中，中央预算变迁的正态性检验结果、描述性统计与频率分布直方图。进一步地，笔者描述了这两个时间段中中央一般公共预算的功能分类支出变迁特点，以探究不同功能类别预算支出的间断程度差异。第 4 章给出了 31 个省级行政单位（除港、澳、台外）预算变迁中存在间断均衡特征的实证证据，包括 1995—2006 年与 2007—2019 年两个时间段中，省级预算变迁的正态性检验结果、描述性统计与频率分布直方图。

进一步地，笔者通过构建峰度统计量，对分省份预算变迁的历时性特征进行刻画，以展现在长时期内预算间断均衡变迁的经验证据。在此基础上，笔者对各省预算间断程度进行排序比较，以期获得预算间断程度存在省际差异的事实证据。

第 5 章与第 6 章是从解释层面上将间断均衡理论框架拓展到中国政策过程中进行检验。基于中国省级预算过程，笔者创新性地提出并检验了“官员晋升、交流和兼任—注意力分配与制度摩擦—预算间断均衡”的理论框架，为理解地方预算间断均衡变迁拓展了基于官员个体的新思路。本书认为，只拥有有限理性的官员，受限于注意力瓶颈，在干部晋升和干部交流制度的影响下，信息处理能力会发生变化；而干部兼任带来的制度性权力的变化，通过影响制度摩擦进一步对预算间断产生影响。其中，第 5 章主要从地方官员对预算过程的影响入手，重点关注中国干部管理制度下地方官员晋升激励、任职流动和兼任制度三项制度设计，分析来自决策者与制度摩擦对预算结果产生的影响，并据此提出研究假设。第 6 章则基于预算间断数据、省级官员数据与经济社会统计数据，对前述研究假设进行实证检验，给出了变量测量与描述性统计结果，以及模型基线回归结果和固定效应回归结果。最后，该章还对主要变量进行替换，检验和确保了实证研究的稳健性。

第 7 章是对本书研究结果的总结和与相关学术文献的对话讨论，以及对未来研究的展望。笔者在第 7 章第一节对本书的研究过程、研究结果和新发现进行了总结，概述了本书的具体研究步骤与通过实证结果得出的研究发现。第二节为本书的结论，笔者重点总结与讨论了本书在间断均衡理论研究领域、干部人事制度与中国公共预算变迁研究领域等的意义、作用和贡献，阐述了本书的研究对理解制度在政策过程中的重要作用，并且针对干部管理制度提出了政策建议。此外，本书还对公共预算研究者一直尝试回答的“科伊问题”进行了思考和讨论。最后，笔者在第三节中，从预算间断均衡变迁研究的特点、原因、影响以及方法论四个方面，为未来相关研究的开展提供了方向性的建议。

第 2 章　理论基础与分析框架

政治总是使政府关注某一个话题，而不是另一个。

——鲍姆加特纳、琼斯

选择方面的巨大不一致可能源自注意力的变动。

——西蒙

科伊将预算过程描述为决定把更多资源分配给活动 X 或是活动 Y 的过程。在他看来，预算是一个决定“谁得到什么、得到多少”的过程（Key，1940）。换言之，公共预算反映了偏好和约束——哪些议题和项目登上了政策议程，哪些没有（Jordan，2003）。间断均衡理论起源于政策过程理论的研究，主要关注政策议程的控制和转换问题。得益于威尔达夫斯基（Wildavsky，1964）和戴维斯等（Davis et al.，1966；1974）的研究，长期以来，渐进主义始终是公共预算领域的主导性理论。尽管渐进主义预算理论者承认偶然的剧烈预算变化确实存在，但预算过程仍然被描述为一个充满大量边际的、渐进的预算变化的过程。

然而，随着研究层次的不断转换（如从总量到部门、机构和预算科目），新的研究证据不断涌现，预算渐进主义遭遇了“滑铁卢”。所以，公共预算领域需要新理论的出现，以同时解释预算过程中既存在频繁而微小的变化，又存在偶尔但剧烈变化的特点。

鲍姆加特纳和琼斯使用“间断均衡”概念构建了一个解释政策过程中渐进变迁和剧烈变迁的政策过程理论，他们主张非渐进的政策变迁是政治议程设置的不稳定导致的（Baumgartner, Jones, 1993）。在后续研究中，鲍姆加特纳和琼斯及其同事把间断均衡理论应用于公共预算领域，产生了大量丰富而新颖的研究成果，间断均衡预算理论成为公共预算研究的最新发展。这一理论试图解释这样一种简单的现象：预算变迁同时包含渐进与非渐进的预算变化（True, Jones, Baumgartner, 1999）。他们强调，预算的渐进变迁时期是“均衡”阶段，预算变化是政策议程的结果，与政策议程的变化密切相关。渐进和稳定的预算变化显示了议程的稳定。预算的间断变迁是打破“均衡”状态的那些预算变化，在鲍姆加特纳和琼斯等人看来，预算间断与议程的不稳定性有关。此外，间断均衡理论者对预算变迁的研究不仅仅着眼于某一时期或者预算总量的变化，而且是将预算分配作为一个动态的政治过程，在一个较长时期内对预算分配的多个方面进行考察和研究。

间断均衡理论的预算研究是对渐进主义预算理论的替代和

超越，是一个以“议程为基础”的政策过程理论，并且被广泛地应用于公共预算的研究之中。下面，笔者将进一步阐释预算渐进主义的相关内容，为更好地理解间断均衡理论奠定基础。

2.1 渐进主义与公共预算研究

2.1.1 渐进政治决策理论

渐进主义是由美国著名政治学家、经济学家林德布洛姆在20世纪50年代提出的一支决策理论。1959年，林德布洛姆在其发表在美国《公共行政评论》的文章《渐进调适的科学》（“The Science of ‘Muddling Through’”）中提出和介绍了关于渐进主义的理论概念和现实应用。紧接着，林德布洛姆在与布雷布鲁克等人合作时又进一步完善和发展了渐进主义（Braybrooke, Lindblom, 1963）。林德布洛姆在其1979年发表的文章《尚未达成，仍在调适》（“Still Muddling, Not Yet Through”）中，又重新为自己的渐进主义观点进行了辩护（Allison, Saint-Martin, 2011）。

渐进主义的提出首先源自对全面理性决策理论的批评，是为应对全面理性主义（comprehensive rationalism）在实践中遭遇的种种解释困境的一次修正。公共行政学是一门关于决策的科学。政治决策作为一种重要的政治行为，在第二次世界大战后受到了越来越多政治学家和行政学家的关注（丁煌，2011：120）。20世纪60年代以前，在西方行政学的决策研究领域占据主导地位的一直是全面理性模型（comprehensive rational model）。传统上，理性主义是决策研究的主导理论。以经济学家为主的研究者认为，决策是一项基于个体理性的计算活动。全面理性模型假设：(1) 公共问题能够被决策者准确地感知和定义；(2) 问题能够根据优先顺序排序；(3) 价值最大化的决策要求在问题定义、政策目标等方面达成一致；(4) 决策者通过比较每个备选方案的成本、收益及后果，进行权衡取舍；(5) 政策被价值中立的执行机构实施。然而，自西蒙在其《管理行为》一书中提出“有限理性”（bounded rationality）的概念以来，决策理论的研究者开始关注并强调理性的限度，渐进主义便是在有限理性基础上发展而来的一支决策理论。在“The Science of ‘Muddling Through’”一文中，林德布洛姆明确区分和总结了两种决策模型——全面理性决策（root model）和连续有限比较（branch model）的基本特征。根据对实际政府决策过程的观察，林德布洛姆等人认为，传统上被经济学家推崇的理性和最大化的政策过程在现实中难以实现。林德布洛姆指出，全面理性决策对政策参与者的一致同意和知识水平都有着极高的要求，这在现实中是难以实现的，例如，决策者们可能会在问题定义、备选方案、社会价值等方面存在互相冲突的看法，难以达成一致。决策者往往无法准确估计和预测全部备选方案的后果，特别是在涉及不同社会价值的备选方案之间进行权衡取舍，难以实现最优的选择。此外，时间和信息的限制使得决策者不能完全检验每一个政策方案，也导致了全面理性的不可能（Hayes，1992）。由此，作为对全面理性模型的替代（Bendor，2015；Hayes，1992），林德布洛姆将决策者的认知局限作为渐进主义理论的重要理论前提。

林德布洛姆认为，渐进主义对政策进行小修小补、边际调整的决策模式具有其合理性。他指出，“连续有限比较”（successive limited comparison）和“边际分析”（marginal analysis）实际上是一种方法或一个系统，它不是行政者应当为之道歉的决策方法的失败（Migone，Howlett，2015）。首先，受限于前文述及的种种认知局限，“连续有限比较”在现实中是十分有用的决策方法。这种方法可以让决策者关注政策的边际调整，回避那些难以达成一致的争论，进而对政策的评估和分析也强调对边际调整的渐进价值的关注。由此，政策更像是达成一致的结果，而不是寻找最优解。其次，渐进主义可以简化政策分析，排除那些不切实际的政策方案，将政策分析限制在与现行政策差异不大的备择方案中，并且能够利用可得的知识实现收益最大化（Migone，Howlett，2015）。最后，渐进主义的决策方式是符合实际的，能够避免决策过程之中较大的错误，由此降低决策的风险。

在1979年的文章中，林德布洛姆仍然延续了对全面理性决策模型的批判，并进一步廓清和完善了渐进主义的概念。渐进主义对实践的指导常常被认为会使政策和政治停滞不前，并且为追求政策的“满意解”（satisficing）而错失了对最优政策目标的追求。为厘清对渐进主义的质疑和批评，林德布洛姆等人提出了“不连续的渐进主义”（disjointed incrementalism）（Braybrooke, Lindblom, 1963），作为应对和处理复杂政策问题的决策机制。在林德布洛姆看来，区别于简单渐进主义分析（simple incremental analysis），“不连续的渐进主义”并非仅仅由于只能对有限的政策备选方案进行考察，而导致政策渐进变迁（Lindblom, 1979）。林德布洛姆概括了其他五项“不连续的渐进主义”的特点，如政策目标和其他价值在政策问题实践层面上的交织，更多地关注需要改进的问题而非理想的政策目标，不断地试错，分析一些可能的政策后果以及将决策过程中的分析工作分配给诸多参与者。此外，林德布洛姆还特别区分了作为政策分析的渐进主义和作为政治与政策变迁模式的渐进主义，前者即前述具体的微观决策机制，后者则表现为通过积累微小的政策变化而达致根本性变迁的政治过程。林德布洛姆认为，渐进性的政治变迁能够降低巨大变革中的政治风险，并且减少因改革而产生的利益受损和政治冲突，因此，渐进主义是一个更有实践性的政治理论。

作为公共行政和公共政策领域最为流行的决策理论之一，渐进主义的研究视阈和理论体系至今仍然有重大价值。首先，渐进主义理论注重对政治决策的现实观察。政治决策涉及有限度的利益分配，并且参与者在目标、价值、手段等方面存在着种种矛盾与不一致，所以，完全而彻底的政策变革无疑会受到很大阻力。渐进主义则示意决策过程中的参与者去关注那些与现行政策相距不远的方案，有利于共识的达成。渐进主义有助于排除那些不切实际的政策选择，从而降低决策成本，最大化已有的信息和知识（Hayes，1992）。其次，在林德布洛姆看来，渐进主义是民主体系之特点的集中体现。一方面，民主是一种偏好加总机制，民主的能力（the intelligence of democracy）就在于它能加总多个可能的选择（Migone，Howlett，2015），形成少数有限的、可供决策者全面评估的政策选项。这意味着，美国的多元主义和党派对立能够保证有差异的、多样的政策方案产生，从而防止决策失败。另一方面，渐进主义的政治过程看似缓慢，却并非由于政府或民主体系的失效与无能。渐进主义政治是在不打破根本性规则和价值的基础上，进行稳步的政策变迁。

尽管渐进主义是主导公共政策决策领域近四十年的理论，并且持续影响着研究者现如今的思考，但渐进主义的概念和理论从产生之时便不断面临着挑战（Etzioni，1967）。学者们对渐进主义理论从理性程度、概念界定以及理论假设等方面进行了质疑。渐进主义与经济学中全面理性决策的主要分歧在于对决策者理性程度的认知差异。后者认为完全理性的决策是可能的，理性行动是人类选择的基础，而渐进主义的理论根源则是人类的认知局限。那些认为决策者能够在复杂环境中成功设计和实施政策的人对渐进主义理论持批评态度。全面理性决策的支持者认为，在实际决策过程中，全面比较政策方案进而最大化社会福利是理性决策者的自然方法（Arrow，1951；Downs，1957）。而渐进主义决策理论则更加强调决策者在信息处理能力上的局限性，以及在复杂决策情境下因决策信息、知识和时间匮乏而难以应对复杂问题的局面。可以说，有限理性理论所描述的决策过程更符合真实决策情景中的决策行为。米戈内和豪利特（Migone，Howlett，2015）指出，林德布洛姆之后的渐进主义者的重要贡献在于，他们促使研究者去质疑全面理性决策模型的适用性，这对决策理论和公共行政研究发展的影响是深远的。

渐进主义在多个政策领域得到了广泛的应用，并且有着较强的解释力，但是给渐进主义提供一个清晰的定义是较为困难的，因此学者们对渐进主义缺乏清晰概念的批评从未停止。贝里在一项理论研究中详细总结了自渐进主义提出以来，学者们在相关研究中有关渐进主义的 12 种理论意涵，他说渐进主义是一个令人困惑的概念（Berry，1990）。例如，在与决策相关的研究中，渐进主义就可以理解为考虑有限的政策方案、采取一种连续比较式的决策方案挑选方法、对政策后果的有限评估，以及简化的决策规则等含义。贝里认为，在渐进主义的相关研究中涌现了不同的研究方法，其根源在于不同学者对渐进主义理论概念的理解具有较大差异。与概念模糊密切相关的一个问题是，渐进主义在实践中如何进行测量。换言之，如果决策过程或政策变迁是渐进的，我们应当以何种标准来区分那些渐进的变化与非渐进的变化？这一局限在预算渐进主义的实证研究中最为明显，学者们对预算渐进变化的区分标准含混不清，无法形成一以贯之的连续的方法，由此可能极大地影响所得结论的有效性（Dempster，Wildavsky，1979）。

此外，在美国公共管理刊物《政策与社会》（*Policy and Society*）于 2011 年刊载的有关渐进主义的特辑中，帕尔以林德布洛姆 1959 年的经典论文为分析依据，检验和探究了渐进主义的五个基本假定，具体包括：（1）有限理性与人类认知局限；（2）对现实因素和应用知识的强调；（3）党派间相互调整（partisan mutual adjustment）被视作单一、异质且互不相关的团体之间的互动和冲突；（4）渐进的政策决策是可修正的（remedial）、可逆的（reversible）；（5）以美国政治体系为模型（Pal，2011）。帕尔对这些假设的适用性进行了考察，并指出仅有前两个基本假定仍然具有意义，而后三项假定已经过时。具体而言，渐进主义中认为决策参与者是互不相关、没有互动关系的团体这一观点，已经被网络理论所挑战。此外，渐进主义主张对政策的调整是边际的、渐进的，这意味着决策者可以很快修补过去的错误。这一假定缺乏对路径依赖（path dependency）

的考虑。在一些情况下，一旦决策形成了制度或已付诸实践，那么修补和改变政策就不容易了。最后，以美国的政治体系为原型的渐进主义，需要有大量的党派或者参与者，这些集团拥有大体相似的资源以及接近关键决策的位置，并且可以接受一轮的竞争不利，因为它们预期后续的竞争能够实现自己的目标。帕尔指出，并非所有政治体系都具有美国的制度特点，哈耶斯（Hayes，1992）也指出，美国利益集团的资源和权力地位存在不平等，在政策和议程的竞争中，往往并不存在大体相似的政治地位。总之，时至今日，渐进主义已经不足以解释一个更为全球化、网络化、冲突化的决策体系，对于决策过程和决策现实的阐释有待新的理论模型的提出和发展。

2.1.2 预算渐进主义理论

作为对美国政治决策过程的现实性观察与理论性建构，渐进主义决策模式因其强大的解释力，至今仍然是理解与解释美国政治和决策过程的经典行政学理论。约翰·金登认为，渐进主义描述了一种决策过程：决策通常不是从头开始考虑每一个议题或者项目，而是把目前已经达成的方案看作给定的，然后对那些与现行方案差别不大的方案进行讨论，在其中做出选择。这种决策方式的好处在于，“他们不需要详细讨论太多广泛深远的变化，他们也不需要花过多的时间去界定目标，而且他们政策方案的边际性调整是可控的……结果，政策便是以小的步子渐进变化的”（金登，2017）。

显然，这种对现实政治过程的描述可以运用在诸多政策领域。一些研究者将渐进主义理论与公共预算研究相结合，发展出了后来被称为“预算渐进主义”的理论模型。20 世纪 60 年代，美国政治学家威尔达夫斯基（Wildavsky，1964）和芬诺（Fenno，1966）的研究为预算渐进主义理论的产生和发展奠定了基础。在威尔达夫斯基于 1964 年出版了《预算过程中的政治》这一解释预算过程是如何运转的重要著作后，渐进主义开始成为公共预算研究领域的主流理论（Gordon，1990）。在美国的联邦层面，这项广为人知的研究强调了预算过程中各个机构的角色，假定机构的目标获得更多预算，并且讨论了联邦机构在国会的预算审议，特别是批准过程中的各种策略、争取预算的技巧等等。在威尔达夫斯基（Wildavsky，1964）看来，渐进主义是政治的结果他对公共预算的研究主要集中于预算决策。政治中有赢家和输家，因此会产生冲突。渐进主义的政策变迁是沟通协调的必要工具，因为它们具有政治上的“可行性”（Jordan，2002）。在渐进主义决策模式之下，人们不必每次决策时都重新开始争论和达成一致，只需要在已经具有的共识基础上决定新的开支。由此一来，渐进主义决策模式下产生的预算变化都是在历史基础上的边际调整。沙堪斯基指出，渐进主义预算理论具有内在合理性，可以避免对预算申请的全面审查，从而将预算分配结果与政治争议相分离：“为了审查机构预算开支申请是否合理，过去谈判过的无数复杂问题和解决办法将重新被打开，因此渐进主义不仅是一种谈判的方法，也是一种回避的方法。”（Sharkansky，1969：201）由此一来，预算变迁和调整的结果，就呈现出一种“在上年预算的基础上进行增加和削减”的渐进表现。1966年，芬诺出版《钱袋子的力量：国会拨款中的政治》，该书也旋即成为渐进主义预算研究的经典作品。芬诺的研究强调了立法机构主导预算过程的集中性，预算过程中各个机构的重要性，以及整个预算决策过程的分权状况和支出备选方案之间缺乏比较的现实情况。在渐进主义路径下，预算决策者不需要对所有的支出决定进行审查，而只需要弄清楚各项预算分配与现存预算分配格局的差异（Reddick，2003）。因此，预算制定者往往只把评估的焦点放在预算的边际增长上。

一般认为，预算渐进主义大大简化了复杂的预算决策过程，威尔达夫斯基（Wildavsky，1964）和戴维斯等（Davis et al.，1974）将其称为“aid to calculation”。戴维斯等人（Davis et al.，1966；1974）应用渐进主义解释和预测了联邦预算的模式。政府预算是极其复杂的，超出了预算决策者的计算能力，为此，现实中的预算决策者们几乎从不完整地审查预算备选方案，而是依据现有预算的水平来对预算的边际变动进行评估。这样稳定的预算过程实际上简化了预算参与者之间的互动关系。例如，联邦机构里的官员会为自己的项目而进行游说和倡议。他们知道，如果提出过高的预算要求，会引起关注和审查，而如果提出一个恰好够用的预算可能也会被砍掉。因此，他们会有意地请求不过分高，也不过分低的预算份额。学者们观察到联邦机构的预算请求基本上维持在 5%—10% 的增长，很少大于 30%。

除了聚焦于联邦或者州政府层面的预算渐进主义的经验证据（Davis et al., 1966；1974；Thompson, 1987）以外，也有研究者将目光投向了地方政府。布朗与哈拉比（Brown, Halaby, 1984）以及麦克道尔与洛夫廷（McDowall, Loftin, 1984）的研究均显示，决定市政府财政的既不是经济因素，也不是理念或者政治制度的变化，而是渐进主义，即影响一个城市预算开支的主要因素是上一年的预算。此外，也有学者开始检验互相竞争的预算决策模型中到底哪些更符合现实的预算决策。学者们试图将决策模型中最有影响力的理性选择决策模型、渐进主义决策模型和垃圾桶决策模型拓展到预算决策领域。瑞迪克（Reddick, 2003）使用美国州政府 1960—1996 年的财政数据，对上述三个决策模型进行了检验。他发现，渐进主义决策模型更适合解释预算总量的变化，也就是我们通常所理解的总预算在上年基础上进行边际的增减，但在功能支出的预算中，预算渐进主义缺乏解释力。瑞迪克指出，垃圾桶决策模型在功能分类的预算科目中更有说服力，这可能源于决策者更容易操纵部门和分类的预算，而建立一个政府范围内的广泛议程则较为困难。瑞迪克（Reddick，2002）使用二战后美国、加拿大和英国在国家层面的预算支出再次检验了理性选择决策模型、渐进主义决策模型和垃圾桶决策模型三个最为流行的预算决策模型。他指出，垃圾桶预算决策模型是理性程度最低的决策模型，它强调决策往往是混乱的，解决方法依赖问题的出现，并且决策过程的参与者是流动的。他还指出，在这三个国家的制度环境中预算决策都未发现垃圾桶预算决策模型存在的可靠证据。预算渐进主义决策模型的理性程度高于垃圾桶预算决策模型，瑞迪克在对渐进主义决策模型检验后发现了制度环境对预算渐进程度的影响：相比于议会制的加拿大和英国，实行总统制的美国在预算方面表现出更多的渐进性。他认为这是由于美国的预算制定权更为分散，国会和行政机构都可以对其产生影响，而议会制国家的预算则几乎全部由行政机构决定。研究者对不同决策模型的适用的领域和范围持有不同观点，观现实世界中预算决策过程所包含的理性与随机程度存在认知分歧。

从预算渐进主义出发，西方学术界涌现了大量的研究，在证实理论的同时也开始出现了反思理性选择和渐进主义预算理论的思潮。不断出现的新证据表明，渐进式的预算变迁并不是唯一的状态，不同政府分支以及不同政府层级的预算波动存在差异。例如，美国原子能委员会（Atomic Energy Commission）管理的 23 个项目的总预算在整个 20 世纪 60 年代展现出了稳定的增长模式，符合渐进主义的理论；然而在机构层面之下，这

23个项目中有非常频繁的预算波动，观察不到稳定的预算模式（Natchez，Bupp，1973）。地方政府层面也有类似的发现。20世纪70年代的美国地方政府预算显示，地方预算过程的制度化可以用预算基础和渐进主义的概念来解释。预算过程在较低的组织层级显示出更加理性化的特点，地方政府甚至使用成本收益分析或者计算机辅助的模拟技术来制定预算（Usher，Cornia，1981）。各州政府人均的预算支出额在1994—2004财年遵循了一个相对稳定的渐进模式，然而当我们将总预算支出分为主要功能预算进行观察时，预算波动非常频繁（Kelly，Rivenbark，2008）。安德森与海伯里奇（Anderson，Harbridge，2010）使用美国政府1955—2002年拨款数据所做的研究也出现了类似的结果，即预算选择在子账户和子科目层面比机构层面波动更大。党派控制显著地影响了这一层级的预算变化。相反，在总的支出层面，更多给定的政治和制度条件，如分治的政府（divided government）——被林德布洛姆（Lindblom，1979）视为有限理性的一个原因——清晰地解释了总预算的选择。预算在越加总的层级上越渐进（Anderson，Harbridge，2010）。对这些现象的解释，可能要从预算支出的分析单位来思考：在子功能分类的层级上，预算相关的信息不那么复杂，所以预算决策者能更好地处理并形成预算决策；在机构层面上，情况可能并非如此（Lindblom，1979）。此外，机构层面的预算分配体现的是机构之间相互影响、零和博弈的权衡取舍，而项目层面的预算安排则是官僚围绕预算分配进行动态竞争，决策过程更不稳定。

另外一些学者对预算渐进主义理论的概念框架进行质疑，并且寻求新的研究方法对其进行检验。如贝里（Berry，1990）总结出渐进主义在政府预算领域的12种意涵，并指出这是一个极其令人困惑的概念，在不同的应用场景有着不同的解释。很多学者认为预算渐进主义理论把决策过程看得太简单，而实际上它是一个复杂的和与各类冲突并存的过程（Tohamy et al.，2006）。瓦纳特更是直截了当地指出，“渐进决策理论和预算渐进主义仅能作为描述性理论，其在解释性的意义上仍然存在问题”（Wanat，1974）。在瓦纳特看来，在大多数情形下，渐进主义是“失败”的，因为恰当地界定政策的现状是困难的，衡量那些微小的调整也并不容易，更为重要的是，我们无法确认渐进变迁的原因是有限的理性还是资源。而对于预算渐进主义理论，瓦纳特也持怀疑态度，他指出，如何界定什么是渐进变迁缺乏一个明确的标准。间断均衡理论的支持者认为预算渐进主义理论已经面临雪崩式的失败（True，2000），它无法解释大量在实际预算过程中观察到的渐进变迁与剧烈变化并存的局面。帕吉特指出，渐进主义将预算决策视为一个简单的线性过程，忽视了预算以及决策过程的复杂性。与此同时，帕吉特为检验预算变迁结果提供了一种新的决策模型和实证策略：研究者可以通过观察预算变迁概率分布与正态分布的契合程度，对预算是否符合渐进主义的特征进行判断，他发现渐进主义的预算理论并不符合实际（Padgett，1980）。

总之，渐进主义的决策理论受到越来越多的批评，新的描述性和解释性理论呼之欲出。渐进主义的预算研究主要试图解释预算决策的运作过程及其结果，描述参与者之间的权力关系、策略和条件。渐进主义的决策和预算研究都强调，现实中的政策制定者仅仅关注那些与现有方案差距不大的边际调整方案，造成了渐进式的变化。然而，有关决策者的议程变化和注意力转换，需要更为深入的研究。约翰·金登指出，渐进主义模式缺乏对议程变化的细致描述，“如果议程是逐渐变化的，那么对某一主题的关注程度应该明显地伴随着年份的增加而逐渐增强…… 然而，关注程度并不是这样发展的”（金登，2017：76）。根据金登的案例研究和访谈资料，来自议程的变化可能是突然的，并且会导致政策的大规模变迁。纳奇兹与布普（Natchez，Bupp，1973）指出，渐进主义预算理论的两项特征有助于我们理解间断均衡预算理论的可行性。一是，预算渐进主义表明，预算变迁是在历史基础上的微小调整，这一说法掩盖了为了维持这一稳定的预算分配结果而产生的种种政治活动。而间断均衡理论恰恰强调和关注了这类为维持预算均衡状态而组织和进行的各类策略性活动。二是，渐进主义通常忽视了政策和预算变迁中的非渐进变化，这使得政策偏好的表达变得模糊。因此，间断均衡理论认为，非渐进式政策和预算变迁反映出了各类政策过程的参与者如利益集团、官僚、政治家、立法者等，为改变旧有均衡状态而进行的努力（Jordan，1999：38）。

2.2 间断均衡理论的源流与发展

间断均衡理论最初被用于解释那些发源于子系统的政策变迁，鲍姆加特纳和琼斯等人用一系列研究探索和解释了美国国家政策变迁中的有趣现象。1993年，在《美国政治中的议程与不稳定性》一书中，鲍姆加特纳和琼斯通过对美国核能政策、杀虫剂政策、城市事务、联邦烟草控制政策、公共预算政策的案例研究，揭示了政策变迁中的间断均衡现象。间断均衡理论形成建基于美国多元主义的政治环境中，通过对政策图景和政策议定场所变迁的分析，解释了那些在偏好没有发生改变的情况下政策发生变化的原因。

随着研究的不断推进，间断均衡理论逐步发展为一个更为普遍的、关于决策的理论，其非常重要的一个应用领域便是公共预算。在鲍姆加特纳等人看来，间断均衡理论与预算研究的结合为我们理解政策过程与预算决策提供了全新的视角，这些贡献包括：（1）发展出了一个以议程为基础、注意力为驱动的预算模型；（2）提出了用于解释和检验有关预算变化分布的研究假设；（3）发现了间断均衡理论在预算领域存在的证据，这些经验研究还进一步推翻了渐进主义以及过往的预算决策模型

(Baumgartner et al., 2014)。间断均衡理论对政策变迁问题的解释是基于人类有限的认知能力以及决策过程深受制度影响的两大理论基石。间断均衡理论如何从解释政策变迁拓展到了解释预算变迁？间断均衡的预算变迁特点在其他政治体系的预算过程中也存在吗？产生这一现象的理论基础和逻辑内涵何在？现有研究为我们提供了哪些知识？基于对过往文献的讨论，我们该如何发展出一个理解预算变迁的理论框架？这都是笔者下面将要回答的问题。

2.2.1 间断均衡的理论基础

“间断均衡”是一个有关事物变迁过程的概念，它描述了一种长期处于停滞和均衡状态，偶尔夹杂短期剧烈变化的变迁过程（Gould, Eldredge, 1977；朱春奎等，2012）。事实上，间断均衡是一个起源于古生物学，后来被引入政治学与公共政策研究之中的理论概念。间断均衡最初产生于进化生物学，这一学科是对自1858年开始统治生物进化领域的达尔文主义的替代。达尔文主义把生物的进化过程解释为，生物对自然环境的适应导致了变化的积累，因此物种会在一个相当长的时期内发生渐进的转化。达尔文称此为“自然选择”。然而，从化石中发现的证据与达尔文主义的预测并不一致，20世纪70年代，古生物学家古尔德和埃德里奇发现，物种往往会经历一个突然的演化过程，而后维持一段时期没有显著方向性变化的状态，也可能突然消失（Gould，Eldredge，1972；1977；朱春奎等，2012）。从这个意义上说，间断均衡是一个描述性的而非因果性的概念。随着学科的交叉与科学的发展，间断均衡模型逐步被拓展到了人类学习、组织动态、技术发展、复杂理论和经济学等诸多领域（Prindle，2012）。

间断均衡概念首次进入政治学领域是在20世纪90年代，是作为研究美国投票和选举历史的替代性理论（Prindle，2012）。然而间断均衡概念被广泛拓展和详细论述，则是其被应用于公共政策的相关研究之后。根据萨托利的观点，政治科学中概念的形成，往往是源于对因果机制解释的需要（Sartori，1970）。但现在的间断均衡概念，既不与它的起源概念相同，也不同于政治学中概念的功能，而是一种对事物变迁过程的抽象化理解（Givel，2010；Prindle，2012）。公共政策领域的间断均衡理论起源于鲍姆加特纳和琼斯对美国政治体系和政策议程的长期观察，其主要观点是，公共政策变迁是一个长期渐进变迁与短期剧烈变化同时存在的过程（Baumgartner，Jones，1993；True，Jones，Baumgartner，1999）。鲍姆加特纳和琼斯（Baumgartner，Jones，1993）指出，采用“间断均衡”这一概念，意在准确表达政策过程中的稳定均衡被显著的剧烈变化所打断的理论图景。鲍姆加特纳和琼斯于1993年合著的《美国政治中的议程与不稳定性》一书标志着公共政策的间断均衡理论基本成形。

早期的间断均衡理论是一个典型的政策过程理论，力图整合并超越政策过程中的多元主义、议程设置和有限理性三个相互联系的政治学理论（朱春奎等，2012）。经典的多元主义假设不同的利益集团在政策产生过程中地位平等、资源均衡（朱春奎等，2012），公共政策是利益集团斗争的结果（Baumgartner, Jones, 1993），政府则在其中扮演中立与调停者的角色（Truman, 1951）。鲍姆加特纳和琼斯对多元主义进行了多方面的批评。首先，多元论者主张的动员（mobilization）与反动员（counter mobilization）机制并非总是存在。他们认为，政策制定系统中的均衡可能是由结构引致的（structure-induced）均衡（Baumgartner, Jones, 1993），是一种依赖于现行政治机构持续性权威的均衡（Shepsle, 1979），而不是利益集团之间各种力量相互抵消与掣肘的结果。其次，多元主义假设各个利益集团具有相等的地位和资源是不现实的（Lindblom, 1977; Hayes, 1992）。奥尔森关于集体行动的经典研究显示，为了获取相应支持而进行动员时，某些集团相比于其他集团来说具有某种优势（奥尔森，1995）。林德布洛姆指出，商业利益集团在资本主义民主体系中具有不平等的优势地位会带来政策制定的渐进变化和稳定状态（Lindblom, 1977）。最后，集团理论和多元主义忽视了对议程设置的研究。这是由于早期的多元论者认为议程设置是政策制定的先导过程，难以进行观测（Jones, McGee, 2018）。随着公共政策理论的发展，议程设置已成为公共政策研究的重要切入点。尽管对多元主义持批判的态度，鲍姆加特纳和琼斯

（Baumgartner，Jones，1993）也指出，多元主义的政治体系形成了分散的决策系统，造就了开放的政策场域，从而为政策变迁提供了条件。

间断均衡理论是一个“以议程为基础”的理论（Baumgartner，Jones，1991）。政策议程体现了政策如何被制定、哪些政策被付诸实施。从沙特施耐德（Schattschneider，1960）的研究开始，政策议程成为公共政策研究的核心问题。沙特施耐德在《半主权的人民》（*The Semisovereign People*）一书中提出了“冲突—扩展”（conflict-expansion）理论，其主要观点是，政治博弈的结果取决于政治冲突的规模（scope of conflict），冲突的规模是可以被政治家、利益集团操控的。他观察到，“一些议题被吸纳进了政治，而一些议题没有”，这表明议程的空间是有限的，不是所有声音都被同等地对待和聆听。沙特施耐德的这个被视为政策议程领域的开创性研究强调，政治议程并非一成不变，研究议程是为何以及如何被影响的是公共政策领域的重要问题（Jones，McGee，2018）。针对议程的竞争，形成了冲突扩展和冲突限制两种行为趋向。政策议程的背后存在利益和力量，或者政治冲突程度的差异，也就是不平等的利益集团斗争的差异。据此，一个重要的推论是，处于优势地位的集团将会倾向于限制冲突的规模，以保证自己的垄断和优势利益不受干扰；而处于劣势地位的集团会试图扩大冲突的范围，将更多可能的参与者引入议题领域，增强自己的政治力量，扭转不利地位（Schattschneider，1960）。间断均衡理论整合了“冲突—扩展”理论对于力量不均衡的政策团体针对政策议程进行竞争这一视角。在间断均衡理论看来，对任何一个存在均衡状态的系统而言，政策变迁都几乎不会是微小的，抵抗变迁的力量会被消除或者被限制在最小的规模，直到这些力量被更强大的力量所替代（Baumgartner et al.，2014）。这种议程竞争的结果表现为，政策变迁会在较长时间内处于均衡状态，同时伴随着剧烈的间断式变化。

在此基础上，通过与安东尼·唐斯（Downs，1972）提出的“议题—注意力循环”（issue-attention cycle）进一步结合，间断均衡理论实现了有关长期议程变迁和决策的理论建构。唐斯关于美国公众对于政治议题关注度的循环模式研究被概括为“唐斯式动员”（Baumgartner，Jones，1993），这种动员模式描述了公众注意力水平的变化：在议题的初期，注意力往往处于比较低的水平，当出现刺激公众神经的事件和激动人心的发现后，公众会迅速热情地讨论并给予大量的关注，然而当意识到这些问题难以解决或者解决问题需要较高成本时，大众的注意力就会逐步消退。鲍姆加特纳和琼斯（Baumgartner，Jones，1993）通过对美国核电政策的研究发现，从政策议程的变化来看，当注意力水平较低时，议题处于均衡状态，而当注意力水平提高时，议题也更容易出现间断。相反地，沙特施耐德在“冲突—扩展”理论中刻画了处于劣势地位的集团会试图扩大冲突的范围，将更多可能的参与者引入议题领域，增加自己的政治力量进而改变政治结果，这种动员方式被概括为“沙特施耐德式动员”(Baumgartner, Jones, 1993)。这类动员方式与负面的态度联系在一起，往往是对特定议题持“恐惧、怀疑、抱怨和批评”的态度，因此会摧毁稳定和均衡的政策制定结构。

美国政治学家雷德福德在 1969 年出版的《行政国家中的民主》(*Democracy in the Administrative State*) 一书中，将美国的政治体系划分为宏观政治（macro politics）和子系统政治（subsystem politics)。前者主要包括总统、国会以及相关制度，在宏观政治中，议题会得到大量的关注，占领政策议程，并且导致政策子系统内部产生政策变迁。后者则是由互相并行但相对独立的一个个政策子系统构成，子系统内包括立法者、行政官员、专家学者、利益集团等参与者。政治体系通常无法维持针对所有与议题有关的讨论，一个常见的做法是把对政治议题的讨论分工到不同议题导向（issue-oriented）的政策子系统（policy subsystems）中（Baumgartner et al., 2014)。这些子系统可以被单一的利益所主导，有时也会被多元的、互相竞争的利益分割，如学界提出的“铁三角”“政策子系统”以及“议题网络”这些概念都存在类似的特征。间断均衡理论的研究者认为，不论子系统政治被如何命名，在现实的政策过程中，大多数时候，大多数的议题都是在一个相对封闭的、专业的政策子系统中被垄断和制定的（Baumgartner et al., 2014)。由此，间断均衡理论完成了要超越渐进主义必须回答的一个核心问题：为什么在同一个制度体系中会产生两种政策变迁结果？答案在于，政策议题是在政治体系中的不同层面被处理的。

基于对美国政治体系和政策过程的翔实研究，间断均衡理论提出了对美国政治体系的革命性认识：美国政治体系具有保守的设计初衷，“以便限制激进的行动”（Baumgartner，Jones，1993：222）。然而事实上，这一体系却不断经历着剧烈的政策变迁，它通过“制度的瓦解进行治理”（Baumgartner，Jones，1993：221），间断均衡理论描述了这种稳定渐进和快速变化之间的不断交替，而不是墨守成规的渐进主义。此外，研究者还指出，非渐进的变化并不意味着不理性的决策，“某些时期维持稳定性的力量同样也是那些在临界期催生剧烈变化和其他时期促成长期变化的力量”（Baumgartner，Jones，1993：223）。这些力量在不同的情境与不同的议题进行结合，会产生强大和特殊的力量来改变制度和政治过程。

2.2.2 间断均衡的分析工具

根据间断均衡理论，决策过程中会产生各种各样的成本，参与者必须解决（overcome）这些成本，才能对环境中的信号做出反应（Baumgartner et al.，2014）。第一种成本是认知成本：政治参与者必须识别来自决策环境的各类信号，对这些政策信息进行注意力分配，在此基础上才能定义政策问题、寻找解决方案。第二种成本则是来自于制度的成本，主要是那些维持政策稳定和渐进的制度规则。间断均衡理论的支持者认为，打开政策变迁黑箱的关键在于理解决策者和组织的有限理性，以及政策过程中制度摩擦的作用（Park，Sapotichne，2020）。

在2014年版的《政策过程理论》（*Theories of the Policy Process*）一书中，鲍姆加特纳等指出，政策变迁的间断均衡理论所隐含的，是一个关于个人和集体的决策理论。间断均衡理论中对于决策者注意力的论述主要来源于有限理性的决策理论。管理学家西蒙最早提出了人类决策中存在理性限度的问题，作为对全面理性决策模型的批判和替代（Jones，McGee，2018；Hayes，1992）。传统上，全面理性模型是决策研究的主导理论，以经济学家为主的研究者认为，人是目标导向的，决策是个体在制度的框架下选择使利益最大化的理性行为。在《管理行为》一书中，西蒙指出，真实的决策行为至少在三方面不符合完全理性。首先是知识的不完备性。知识在决策制定过程中的作用就是确定特定备选方案会产生什么结果。知识的任务就是从可能的结果集里选出一个限制更多的子集，甚至理想情况下，为每个策略选出与之相关的唯一一组结果。然而，囿于知识的不完备性，我们无法完全了解和评估每个备选方案的结果。其次是预期难题。完全预测到政策未来结果的价值也是不可能的，因此也就无法做到对备选方案的完全评估。最后，完全理性模式要求对所有备选方案进行充分的比较，但受限于行为的可行性范围，我们无从得知所有备选方案，这进一步限制了对政策方案的选择（西蒙，2004：19）。

对有限理性的研究建立了个人与组织决策之间的连接，西蒙提出，理解组织的关键在于对个体选择的研究。琼斯指出，有限理性是关于人类选择行为的研究，但西蒙的真实意图在于理解组织（Jones，2017）。有限理性理论指出，人类在信息处理能力方面存在天然的认知局限，这主要体现在人类受到注意力瓶颈的约束（bottle neck of attention），只能序贯地（serially）处理问题，即一次一个地处理问题，而不能并行地（parallely）、一次多个地处理问题（Baumgartner et al.，2014：59）。决策更像是一种刺激反应模式，而不是在备选方案之间进行选择（Jones，McGee，2018）。人是构成组织的基础，选择和决策往往是基于个体的选择进而产生的一种集体行动的结果。我们在衡量组织、国家和社会的选择时，往往不是从个人层面，而是从集体层面进行的。组织及其制度、规则是与其参与者共同演化、进步与维持的，那么人的有限理性特征也会影响组织的行为与决策（Jones et al.，2003）。由此，组织也存在序贯决策（serial judgement）和注意力分配的问题。

间断均衡理论的一系列文献进一步阐述和发展了组织决策中的有限理性（Jones，McGee，2018；Jones，Baumgartner，2005；Jones，2017）。一般而言，组织也存在个体选择的注意力分配问题。由于社会议题的复杂性和多样性，政府也需要对诸多议题进行识别（recognizing）、处理（processing）和优先排序（prioritizing）。为了解决注意力瓶颈问题，组织可以进行专业化分工，形成一个多个子系统并行处理问题的结构体系，同时应对不同领域的专门议题。雷德福德（Redford，1969）的研究将美国政治体系分为宏观政治与子系统政治。间断均衡理论指出，宏观政治系统的议程处理符合序贯模式，而子系统政治则是并行模式，可以按照议题领域同时处理不同政策议题。一旦相互独立的政策子系统的边界被打破，议题便会溢出子系统，进入宏观政治层面，开始被序贯地处理。具体来说，在问题定义阶段，不同政策参与者可能会关注公共问题的不同维度，构造出存在差异的、相互竞争的政策图景。在议程设置阶段，决策者受限于注意力瓶颈，只能一次一个、序贯式地对政策议题进行处理。决策者注意力的转换有可能引起政府议程的转换。登上政府议程的议题才能得到决策者的关注从而产生剧烈变迁，大量未被决策者关注的议题则会在现有方向上被继续强化。正是这种基于有限理性的个人和组织特点成为政策间断性变迁的动力来源。

总体来看，对于个体和组织决策过程中有限理性的强调是间断均衡理论及其相关分析工具的重要特点。鲍姆加特纳和琼斯等人的研究完善了我们对人类行为和集体选择的认识，更重要的是，它突出了以注意力为切入点，对政策过程和政策变迁进行分析的研究视角。注意力分配正在成为公共政策、社会学和经济学研究的新热点，近年来也越来越多地出现在中国决策过程和政策场域之中（练宏，2020；赖诗攀，2020；文宏，杜菲菲，2018；章文光，刘志鹏，2020；陈思丞，孟庆国，2016；Dodd et al.，2016）。

间断均衡理论是一个“以议程为基础”的政策过程理论。议程的变化是政策变迁的前提和动因，在鲍姆加特纳和琼斯等人看来，除了分析决策注意力驱动的议程变化之外，还需要考虑现存制度结构对议程变化的影响。在组织理论的研究中，科恩、马奇与奥尔森（Cohen et al.，1972）提出了垃圾桶模型，描述在“有组织的无序”（organized anarchies）环境中，组织是如何进行决策的。在科恩等人看来，组织决策中充斥着不确定的目标、不清晰的方法以及流动的参与者，这都使得组织决策是在极端不确定的条件下进行的。垃圾桶模型的核心在于，决策是组织中四种相对独立源流汇集而成的结果，包括问题、解决方案、参与者以及选择机会。值得注意的是，垃圾桶模型强调了组织结构随着时间的变化是解释决策变化的一个重要因素（Cohen et al.，1972）。同样地，间断均衡理论也关注制度和制度变迁对议题的影响。一些议题可能处于交叠管辖的政策议定场所之中，由此导致议题发生剧烈变化的可能性增大；也有一些制度会赋予一个议题或政策议定场所更大的决策权，随着时间的推移，这种制度也会发生变化（Jordan，1999：48）。

制度规则不是中性的，不同的制度会导致不同的政策结果。沙特施耐德曾说道，“组织实质上就是对偏见的动员”（Schattschneider，1960：71）。鲍姆加特纳和琼斯认为，这句话表明了制度具有一种必然的倾向，即偏袒某些利益集团（Baumgartner，Jones，1993：15）。琼斯等人（Jones et al.，2003）指出，政治制度会在政策输入转为政策输出的过程中施加制度成本，而这些成本增加了制度摩擦，使得政策变迁过程并不平滑。换言之，制度摩擦是决策过程中产生阻碍政策变迁的因素（Breunig，Jones，2011）。间断均衡理论继承了渐进主义对制度结构的分析，强调现存制度与利益格局对政策变迁的阻碍。渐进主义通过对美国国家决策和政治结构的分析，发现政治制度经常使得政治陷入僵局，政治参与者之间的矛盾与意见分歧，都大大增加了政策变迁的成本（Braybrooke，Lindblom，1963；Hayes，1992）。

间断均衡理论进一步发展了有关制度结构和制度摩擦影响政策过程的观点。鲍姆加特纳和琼斯在研究中指出，与制度相关的决策成本可以分为三类，分别是决策成本、交易成本与信息成本（Baumgartner，Jones，2015；Jones et al.，2003：154）。决策成本是参与者试图达成一致的成本，它包括讨价还价成本和制度性的强制成本。交易成本发生在达成一致之后（诺思，2014），例如在市场交易中，交易成本涉及确保契约得到执行，以及对第三方进行支付以确保交易完成的成本。信息成本则主要是指搜寻成本，即搜寻那些与决策密切相关的信息所需要付出的成本。琼斯等人（Jones et al.，2003）的研究发现，不同政策阶段的制度摩擦程度存在差异，制度摩擦程度越高，政策变迁的峰度越大。以美国为例，金融市场是其制度摩擦最小的领域，因为纯粹的市场具有最低的交易和决策成本，信息的获取也是自由的。而选举过程（包括国会与总统选举）则存在较大的制度摩擦，尽管在西方国家，投票不存在较高的决策和交易成本，但是对候选人的信息搜寻成本偏高。政策过程经历着最大的制度摩擦。以政府预算为例，预算决策过程经历着复杂的政治经济博弈，阻碍预算分配的制度摩擦往往最大。总体而言，制度摩擦对政策过程的影响具有双重作用（Baumgartner et al.，2014：69）。一方面，制度摩擦的存在阻碍了政策过程对政策信息的处理，削减了政策变迁的动力。这一阻碍性作用使得政策过程维持渐进状态，仅仅进行边际调整。另一方面，制度摩擦的积累使得推动政策变迁的压力也进一步增大，直至产生间断性的政策变迁。

间断均衡理论使用政策图景（policy image）和政策议定场所（policy institution）作为主要的理论分析工具，对美国政策变迁中存在的间断均衡现象进行解释。在鲍姆加特纳和琼斯看来，政策图景是有关特定政策的信念与价值（Baumgartner，Jones，1991：1044），是精英、公众以及媒体对政策讨论的一种基调。如在《美国政治中的议程与不稳定性》一书中，鲍姆加特纳和琼斯发现，公众对民用核电政策的态度以及媒体的报道均经历了由“清洁能源”到“健康威胁”的认知转变，这一从积极到消极的政策图景变化，伴随了美国核能政策的大规模变迁。这意味着，一项政策如何被理解和定义，会直接影响到剧烈的政策变迁是否会发生（Jordan，1999）。金登认为，问题界定（problem definition）影响着一个政策议题以何种方式被理解（金登，2017）。而间断均衡理论进一步指出，具有竞争性的政策图景可能是互相冲突的，而且占据主导地位的政策图景会影响政策。如果政策图景发生变化，那么间断式的政策变迁也更有可能出现。此外，政策图景的改变会导致政策议定场所的重新选择，增加政策间断的可能性。政策议定场所是指一系列现存的政治机构，也是政策被讨论和制定的主要机构（Baumgartner，Jones，1993）。政策议定场所的变化也会导致政策图景的转变。通过对美国国家决策的长期分析，间断均衡理论强调决策过程的有限理性，以及政治制度和利益动员的动态互动（True，Jones，Baumgartner，1999）。

一方面，间断均衡理论关注决策过程中的有限理性问题。人类由于认知局限而存在注意力瓶颈，仅能序贯地而非并行地处理政策议题（Simon，1957）。间断均衡理论强调，政府决策过程同样存在有限理性（Jones，Baumgartner，2005）。在问题定义阶段，公共问题的不同维度被参与者所关注和强调，并产生相互竞争的政策图景，例如烟草委员会强调烟草业带来的丰厚税收，而健康委员会则关注吸烟给健康带来的威胁（Baumgartner, Jones, 1993)。在议程设置阶段，决策者受限于注意力瓶颈，需要对政策议题进行序贯式处理，诸多政策议题不能同时得到决策者关注，进而登上政策议程。登上政府议程的议题才能得到决策者的关注从而产生剧烈变迁，大量未得到决策者关注的议题则会在现有方向上被继续强化。由此一来，决策者注意力的转换（attention shifting）会引起政府议程的转换（agenda shifting）。决策过程的有限理性可能产生政策变迁的间断均衡特征。

另一方面，鲍姆加特纳和琼斯（Baumgartner, Jones, 1993）指出，美国政治体系中多层级制度的设计产生了多元政策议定场所，为游说和动员提供了制度性条件。具体而言，美国政治制度中具有机构独立（separate institution）、管辖交叠（overlapping jurisdiction）以及开放动员途径（open access to mobilization）的多重特征（True, Jones, Baumgartner, 1999）。此外，子系统作为政策供给的主要来源，也为政策变迁提供了动力。当大量的议题在子系统中被并行处理时，强化现行政策的利益垄断着政策，政策变迁呈渐进状态；而当议题从相对封闭的政策子系统溢出到宏观政治层面，更多参与者进入开放的议题领域，现行政策的规则和利益分配格局可能改变，由此产生政策的剧烈变迁并引致新均衡（Baumgartner, Jones, 1993）。可以看出，作为决策参与者遵循的共同规则，制度并非中性，而是影响政策结果的重要因素（Jones, Baumgartner, 2005）。在不同政治体系和决策过程中，政策间断的程度与内在机制存在差异。间断均衡理论的研究路径有助于我们理解更为广义的决策过程。

至此，基于间断均衡理论的相关概念和理论基础，过往研究业已发展出一个以议程为基础、注意力为驱动的政策过程分析框架，图 2-1 展示了这一理论框架。可以看出，间断均衡理论把政策过程视为一个政策体系对来自政策环境的政策信号做出回应的过程，而政策体系内部的注意力与制度结构则是影响决策体系回应结果和政策产出的关键。基于此，我们可以进一步思考：决策者注意力的变化如何影响政策变迁过程？决策体系信息处理能力的变化是否能够影响政策变迁结果？制度结构的变迁会对政策变迁的间断程度带来哪些影响？更为重要的是，从这一分析框架出发，基于我国的决策过程和制度变迁的现实情境，我们能够对政策间断性变迁提供哪些制度性的思考和解释。这些问题都有待进一步的探索与研究。

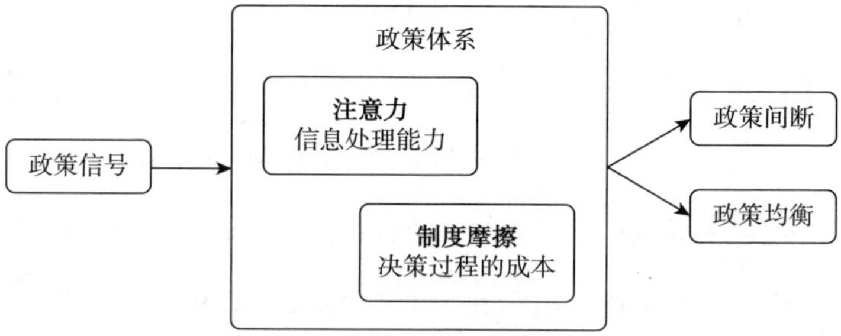

图 2-1　间断均衡政策过程分析框架

2.3 间断均衡与预算变迁

2.3.1 衡量预算间断均衡

间断均衡理论在大量的政策案例分析中被运用和拓展，但政策变迁中间断均衡的存在一直没有得到很好的检验，直到研究者们陆续在公共预算中发现了典型证据。而这一发现首先源于学界对渐进主义预算理论的反思和批评。帕吉特（Padgett，1980）进一步提出使用序贯评价模型来理解决策过程：决策者首先基于当前预算基数，针对政策问题确定未来预算调整的增减方向，进而在确定的方向上连续地评价和挑选替代方案，直到搜寻到合意的政策选项并产生政策变迁。序贯评价模型在两个方面具有突破性的贡献：其一，序贯评价模型表明，预算过程中的剧烈变化会偶尔发生。当决策者通过序贯的搜寻过程找到新的政策方案时，决策均衡将从现状移动到新均衡（Jones，Baumgartner，2005）。这使得研究视野从仅聚焦于预算的渐进调整拓展到同时关注预算的渐进与剧烈变化。其二，帕吉特（Padgett，1980）的研究将预算视为一个随机过程，并且使用概率分布来构建预算变化的概念。按照帕吉特的观点，渐进主义下的预算变化应当服从正态分布，因为渐进主义预算理论假定今天的政策选择是在昨天的政策基础上进行随机误差的调整而来的（Jones，Baumgartner，2005）。如果决策模式符合渐进主义，则预算科目的变化率应当服从正态分布，如图 1-1 左侧的正态分布钟形曲线。然而，经检验发现，预算科目的变化率分布实际上呈现尖峰分布的状态，如图 1-1 右侧的尖峰分布曲线所示，是一种中间高、“肩膀”瘦弱而尾部偏厚的状态，这显示了预算变迁是一个渐进变迁和间断变化并存的过程。自此，学者们开始把政策过程与政策变迁的分布状况联系起来，预算过程理论开始强调决策的随机过程特征。所以，通过检验预算科目变化的分布情况来检验决策过程的变化特征这一方法逐渐被广泛使用起来。

来自公共预算变迁的数据验证了间断均衡理论早期关于政策变迁状态的猜想，使得理论的有效性大大提高，以至于政策和预算变迁分布的尖峰状态被认为是一种常态（Robinson，Caver，2006）。琼斯等（Jones et al.，1998）分析了美国联邦政府 1947—1994 年的预算数据，其中包括 13 项法定支出以及 24 项选择性支出，发现这两类支出均呈现间断均衡的尖峰分布状态。与此同时，法定支出的预算间断程度低于选择性支出的。乔丹（Jordan，2003）发现了美国地方政府中市级预算变迁中的间断均衡现象。罗宾逊（Robinson et al.，2007）发现了美国德克萨斯学区预算变迁中也存在间断均衡现象。进一步地，布鲁尼格与科斯基（Breunig，Koski，2006）对美国 50 个州从 1982—2002 年 10 个功能分类的预算支出进行研究，发现所有州政府的预算变化均符合间断均衡模式，但各州的预算支出间断程度又存在差异。琼斯、鲍姆加特纳与特鲁使用美国1947—1994年间国家预算支出，验证了间断均衡模式的存在（Jones et al.，1998）。越来越多的国家中，有关预算间断均衡变迁的经验证据逐步涌现，包括英国、丹麦（Mortensen，2005）、德国（Breunig，2006）、法国（Baumgartner et al.，2006）、比利时（Jones et al.，2009）、西班牙（Caamaño-Alegre，Lago-Peñas，2011）等等。

总体来看，学界在间断均衡的预算研究中逐步形成了对预算间断均衡这一概念的基本共识。在政策过程理论中，预算间断均衡通常是指以概率分布状况来定义的一种预算变迁状态（Breunig，Koski，2009），即预算变迁中同时存在大量的渐进预算变迁，以及偶尔出现的剧烈预算变化。预算间断（budget punctuations），或者称间断式预算（punctuated budget），则是指在概率分布中，区别于高频率渐进变化的、少量而剧烈的预算变化。从概率分布的意义上来说，预算变迁呈现尖峰分布就意味着预算间断均衡的存在（Breunig，Koski，2006）。预算间断作为对政策变迁结果的衡量，成为研究政策过程、议程设置、制度变迁的一个重要而前沿的视角。

如前文所述，预算间断均衡本质上是一种预算变迁状态，其研究基础在于将不同时期的预算分配结果进行比较。渐进预算决策理论的倡导者认为，当期的预算支出金额是在上期预算分配结果的基数上，进行随机地、不可预测地增加和削减而得到的（Davis et al.，1966；1974）。简言之，对预算渐进主义者而言，若想知道新一年度的预算分配情况，只需对上年的预算分配情况进行检视。由此，预算渐进主义理论构建了如式（2-1）的模型：

$$B_t = \alpha_i \cdot B_{t-1} + e_t \tag{2-1}$$

其中，B_t 是年度 t 的预算结果，B_{t-1} 是年度（$t-1$）的预算结果，α_i 是待估参数，e_t 是误差项。

可以说，式（2-1）所表示的预算决策和变迁过程体现了对上年预算结果的强调和关注，也显示了随机因素在预算决策中的作用。进一步地，从式（2-1）出发，等式两侧同时减去上年预算支出，再除以上年预算支出，我们就可以得到关于预算变迁的更多信息（Jones，Baumgartner，2005；Ryu，2017）：

$$\frac{B_t - B_{t-1}}{B_{t-1}} = \alpha_i - 1 + \frac{e_t}{B_{t-1}} \tag{2-2}$$

式（2-2）的左侧展示了预算支出的年度变化率，即本年预算在上年预算的基础上变动了多少，也就是本书研究所关注的预算变化分数的计算方式。式（2-2）的右侧表明，预算支出的年度变化率可以分解为两部分：（α_i-1）表示这一年度预算变迁的固定部分（fixed portion）；后半部分为随机误差项，表示无法观测的随机因素。

渐进预算理论进一步解构 α_i 得出：

$$\alpha_i = \beta_0 + \beta_1 \cdot Z_t + \beta_2 \cdot Z_{2t} + \cdots + \beta_m \cdot Z_{mt} \tag{2-3}$$

其中，α_i 表示一系列外生的、预算决策者可能会纳入考虑的环境因素 Z_m 之和（Davis et al., 1974）。然而，帕吉特（Padgett, 1980）的研究表明，α_i 应当是一个随机变量，根据中心极限定理，其必然服从正态分布。因此，只需要对式（2-2）等式左侧的概率分布进行检验，如其服从正态分布，则证明渐进预算存在；如其并不符合正态分布，则表明预算变迁中存在间断均衡。

现有研究普遍基于帕吉特（Padgett, 1980）的文章，对预算变迁特点进行实证检验，本书也遵循这一主流研究方法，在后续的研究中对中央与省级政府预算变迁分别进行检验。选择恰当的预算支出层次是实证研究的重要问题（Padgett, 1980）。事实上，间断均衡理论描述了一个自下而上的政策变迁过程：这一理论认为，政策变迁是从相互独立的子系统内部首先产生的，由于新信息的进入、焦点事件的发生等，进而溢出到宏观政治层面，在更大范围内产生了政策变迁的动力。在一篇有关间断均衡理论的综述性文章中，鲍姆加特纳等（Baumgartner et al., 2014）指出，预算间断过程也遵循这一自下而上的逻辑，所以，项目、功能和机构的预算变动往往大于加总的预算。正因如此，间断均衡理论的研究者选择了从功能分类的政府预算入手，对预算变迁进行研究。较之于政府预算支出的总体规模，关注功能分类政府预算使我们更接近政策过程的动态变化（Jones, Baumgartner, 2005）。这是因为一定时期内预算支出总量大体稳定，而不同年份的功能分类政府预算之间则存在互相依赖、此消彼长的动态关系（Jones et al., 2003），能够反映政府活动的不同功能和政策目标。鉴于此，本书聚焦于中央与省级一般公共预算支出中功能分类支出的年度增减变化，通过构造一个“变化分数”来反映政府预算的波动情况：

$$变化分数 = \frac{y_{i,\ t} - y_{i,\ t-1}}{y_{i,\ t-1}} \tag{2-4}$$

其中，$y_{i,\ t}$ 与 $y_{i,\ t-1}$ 是 i 类政策领域分别在 t 年与（$t-1$）年所获得的预算支出真实金额。特别要说明的是，笔者认为预算支出真实金额的年度变化更符合本书的研究意图，而非预算支出占比的年度变化，主要原因是：（1）百分比变化将会损失更多信息；（2）大部分预算分配比例在短期内呈现稳定状态，难以捕捉年度之间实际金额的动态调整。由此，使用中央和省级各类预算支出在不同年份的金额，分别计算出相应变化分数后，我们得到了有关中央政府预算和省级地方政府预算的两个混合数据集，这是后续章节进行实证检验和多元回归分析的数据基础。

2.3.2 一个“全面的”预算理论

乔丹（Jordan, 1999: 46）指出，间断均衡理论应该成为一个更为全面的预算理论。尽管渐进主义理论的确能够为政治和预算变迁中的渐进变化提供理论解释，但是非渐进式的变化被这一理论“选择性”地忽视了。在这个意义上，间断均衡理论承认非渐进式的预算剧烈变迁是存在的，并且认为预算间断的出现是议程设置的后果。早期的研究致力于验证和解释间断均衡预算变迁状态的存在，学者们从美国联邦政府预算、美国各州和地方政府预算以及预算的不同类型中都寻找到了证据。有学者指出，这是由于有关预算开支的研究可以利用跨年度、多维度的数据资料，并且预算开支是具体政策演变较好的衡量指标（Epp，Baumgartner，2016）。罗宾逊与卡维尔写道，“以至于政策变迁分布的尖峰分布已经被认为是一种常态”（Robinson，Caver，2006）。间断均衡理论运用得较为彻底的领域大部分涉及公共预算。

琼斯等人（Jones et al.，1998）率先将间断均衡理论应用到分析美国联邦政府的预算变迁之中。他们发现政策间断导致的预算间断不能被政党、经济和公共意见所解释，如在“冷战”中的议程和伟大社会的议程导致了美国预算的间断性变化（True，1995）。社保支出也是偏好的反映，并且受决策者注意力波动的影响而产生政策的间断（True，1999）。布鲁尼格与科斯基（Breunig，Koski，2006）将间断均衡理论的应用推广到州政府层面。他们认为，那些预算间断程度较低的州在制度上有着较低的决策和交易成本，而在那些预算间断程度高的州，决策者往往难以调整相关政策，交易成本也较高。预算间断的影响可以从免除任命官员到市民消费公共服务方面看到。预算间断程度高的州会有更多的繁荣与萧条交替出现的经济周期，或者关于特定议题的大众政治激情的波动。支出的迅速调整可以使问题得到更迅速解决，但同时也可能导致预算紧张的机构产生挪用资金的行为。有更少的间断和更渐进的州会更具稳定性和可预期性，但同时也意味着在新问题的解决上缺乏创新和灵活性。

间断均衡理论的核心观点是，政府注意力的分配并非边际调整式的渐进变化，而是一个长期均衡被间断性剧烈变化打断进而产生新均衡的过程（Baumgartner，Jones，1993；Baumgartner，Jones，1991）。那么，间断均衡理论的有效性如何？迄今为止，每一个检验公共预算的研究都发现了间断均衡的预算模式，有学者称其为公共预算的普遍性规律（general law）（Jones et al.，2009）。预算间断均衡现象出现在美国市政预算之中（Jordan，2003），也出现在州内的学区之中（Robinson et al.，2007），更广泛分布于西方发达国家的预算变迁之中（Baumgartner et al.，2006；Jones et al.，2009）。近来在新兴市场国家也发现了间断均衡式预算存在的经验证据（Caamaño-Alegre，Lago-Peñas，2011；Téllez，2016）。

预算间断均衡第一阶段的研究侧重于使用描述性的方法来验证政策变迁，尤其是预算变迁的分布，之后，学者们从证明政策产出符合间断均衡理论中解放出来，开始关注那些使得政策过程出现不同程度间断均衡的条件和影响因素，如预算支出类型（Ryu，2009）、科层化（Robinson et al.，2007）、行政官员的策略（Xu et al.，2020）、党派和州长权力（Breunig，Koski，2009），近几年的研究有使用财政管理的特征（Xiao et al.，2020）、威权体系的信息不透明（Chan，Zhao，2016）、不同地方政府形式（Kwon，Gonzalez-Gorman，2019）以及官员或立法者的专业知识和素质等因素带来的影响（Park，Sapotichne，2020；Epp，2018）等来解释预算间断的出现。夏普（Sharp，2019）首次将间断均衡理论应用到国防预算中，并使用案例分析的方法提出总统的政策偏好对预算间断变迁有着重要影响。乔丹（Jordan，2003）发现预算的类型影响其间断的程度，分配型预算比非分配型的预算存在更少的预算间断现象。龙一（Ryu，2011）从有限理性的角度发展了预算间断的研究，通过对美国50个州1998—2004年的21项预算支出进行研究，发现提高州议会的专业化程度以及提升人力信息处理能力有助于降低预算支出的间断。埃普（Epp，2018）基于政府信息处理理论，探究了影响政策变迁的因素。他认为，政府面对不同的议题会产生不一样的反应，因为议题在其复杂程度上是有差异的。只有单一解决方案的议题比那些复杂的、多维度的议题更容易获得共识并得到实施。通过议题复杂程度可以解释政府的行为。在构建议题复杂程度指标时，他使用了拥有特定联邦预算子分类的政府机构数量。这意味着，特定议题领域涉及的机构越多，议题复杂度越高，相关预算的调整难度就越大。在衡量政策议程多样性时，这项研究引入熵的计算方法，对听证会法案做主成分因子分析，进一步创新了现有研究方法。除了联邦层面以外，在研究各州时，这项研究使用专业程度测量了立法者在立法工作中投入的时间和资源，探究了其对预算间断的影响。

随着理论的拓展和实证检验的增多，一些学者开始反思间断均衡理论的局限性。如陈君诺（Chan，2014）指出了一些现有研究方法存在的问题：其一，衡量指标不稳定，或者说预算间断的指标并未统一。过去的理论建立在一定的统计指标上，但是后来预算间断理论朝着比较公共政策的方向发展。这就带来了原有的指标测量分式是否仍然显著和有效的问题。另外，不仅仅是峰值的度量，计算预算变化的方法不同，也会带来预算间断均衡程度的差异。比如，有些学者用的是剔除通胀后的真实金额来计算变化分数，而另外一些学者是直接使用百分比的变化分数，近年来还有人用相对变化率对预算变迁程度进行衡量（Epp，Baumgartner，2016）。其二，对于数据时期的长短学界缺乏共识。一些研究使用了至少一个世纪的预算数据（Breunig，Jones，2011；Baumgartner et al.，2006），另一些研究则使用少于 20 年的数据进行横向比较（Jones et al.，2009；Epp，Baumgartner，2016）。陈君诺（Chan，2014）指出，过长或过短的时间都会造成偏误。较长时期的预算数据可能覆盖了不同政体的转型和更迭，经历了数据统计的变化，会产生系统性的估计偏误；而较短的预算数据则难以给出更为全面的间断均衡的描述，可能所选的时期刚好处于大的波动时期或者多个预算的调整间隔之中。这些都是研究预算间断时需要特别关注的。其三，研究者开始从关注系统性的注意力分配，转而强调个案式的间断性变化。比如，有研究揭示了什么条件下预算间断会更容易出现，也有研究给出了区分预算间断大小的更为严格的统计方法。这些方法上的差异，最终也会导致研究者在回归模型中对于指标构建的选择上的差异。

罗宾逊等人（Robinson et al.，2014）指出，这种描述性检验的方法往往需要大量的数据。他们的研究开创了一种通过对比正态分布曲线和频率分布直方图进行分类的方法，使得多变量检验成为可能。这项研究的另外一个重点是，它解决了阻碍渐进主义理论发展的重要问题，即什么是非渐进。研究者们发明了一种方法，即使用截断点（cut-off points）划分频率分布直方图中分布曲线的高、中、低部分，但这样的划分仍然可能不精确，原因在于截断点会根据一个分布直方图中所得到的划分点而变化。还有研究对多变量回归进行了拓展，如布鲁尼格与科斯基（Breunig，Koski，2006）的研究使用第四阶线性矩作为衡量预算间断的因变量，揭示了不同制度环境对预算间断存在不同影响。罗宾逊等人（Robinson et al.，2014）的研究进一步从横向和纵向两个维度对造成预算间断的制度摩擦进行了比较。琼斯等人（Jones et al.，2003）的研究展示了政策过程中不同阶段的制度摩擦所造成的政策间断差异。这项研究对政策过程中各个阶段的制度摩擦进行排序，政策过程的较早阶段会有较小的制度摩擦（如媒体），政策过程的后期如预算支出阶段就会存在较大的制度摩擦，也即政策过程越靠后，制度摩擦越大，政策产出也就更符合间断均衡特征。

运用间断均衡理论进行预算研究也在中国场景中得到了一些应用。通过检索中国知网、谷歌学术等文献检索系统，截至2023年8月，笔者发现七篇以中国为研究对象的文献。例如彭铭刚（2013）通过观察环境污染治理支出的变化发现，中国市级政府的环境污染治理行为并不是由辖区内的污染程度决定的，地方政府的治理行为存在间断均衡特征。彭铭刚基于制度结构与决策者注意力提出分析框架，认为来自制度结构的政策阻力和决策者注意力分配是影响环境污染治理行为逻辑的关键因素。环境污染治理过程中，来自污染治理体系的职权分割和决策者注意力限定问题成为污染治理行为的结构性阻力，阻碍了环境污染治理支出的增长；而来自政府、公民和媒体的多元推动力则为政策变迁提供动力，这时，决策者注意力会被吸引到环保议题上，进而推动环境污染治理支出的增长。邝艳华（2015）进一步对环境污染治理场域中的间断均衡现象进行了定量实证检验，通过分析2000—2010年30个省份的环保支出变化，发现决策者注意力和各类决策成本形成的制度摩擦是导致环保支出间断均衡变迁的重要因素。以上两项研究在环境治理的研究场域中对预算支出变化的间断均衡现象分别进行了案例分析和定量检验，可以说是预算间断均衡研究在单一研究场域中的早期运用。

然而，琼斯与鲍姆加特纳（Jones，Baumgartner，2005）提出，预算间断均衡特征存在的前提假设是预算各个科目之间的变动是互相依赖、此消彼长的，因此预算间断均衡的相关研究需要以一个更具全面性的视角展开。陈君诺与赵爽（2016）使用1995—2012年间中国省级行政单位的预算支出数据对预算间断均衡变迁的研究假设进行了实证检验，然而这项研究因为存在单位异质性，舍弃了四个直辖市的预算数据，在研究对象上并不充分和完整。李文钊等（2019）使用2007年以来的中央和省级功能分类支出预算变迁数据，为进一步验证和比较中国公共预算变迁贡献了经验证据。他们发现，中国的中央预算和地方预算均符合间断均衡的变化特征，并且地方预算的间断性大于中央预算的间断性。上述两项研究在计算预算“变化分数”时，均使用预算功能分类支出占总支出的比重这一指标。然而，笔者认为这一指标存在两方面的问题：（1）百分比变化将会损失更多信息；（2）大部分预算分配比例在短期内呈现稳定状态，难以捕捉年度之间实际金额的动态调整。因此，本书将以剔除通胀后的真实金额的百分比变化为基础，计算预算“变化分数”，对预算间断均衡的变迁进行检验。曹堂哲和郝宇华（2020）的最新研究将对中央和省级预算的检验时期拉长到1952年以来的较大跨度内，并且对国家预算、中央预算和地方预算三个层次进行了对比，进一步丰富了相关研究的经验证据。然而这项研究并未提出进一步的解释性框架，仍然停留在预算间断均衡研究的初期。

李文钊等（2021）试图基于制度摩擦和中国的政策过程构建一个理论分析框架，选择了所得税收入分享改革作为制度摩擦的代理变量进行实证检验，并且检验了政治周期对预算间断的影响。结论显示，所得税收入分享改革产生了增强中央预算间断性的政策结果，而党代会政治周期对预算间断性的影响并不显著。在笔者看来，这项研究可视作在中国构建一个对预算间断特征进行制度性解释的尝试，但其分析框架的构建脱离了间断均衡理论所倚重的决策者有限理性和制度结构两大理论基础，并不能很好地提供一个完整的、逻辑严密的解释。因此在理论框架的构建上，仍然有进一步的改进空间。徐宏宇和吴金鹏（2022）构建了“政府注意力—政策图景—制度摩擦”的理论分析框架，使用2007—2019年中国儿童照护领域的预算变迁数据，基于儿童照护领域中不同主体（社会、市场、家庭）的资金投入构建制度摩擦变量，并且采用固定效应模型进行实证检验。这项研究证实了政府注意力对预算变迁的影响，但其基于政策领域资金来源的不同主体构造制度摩擦变量的做法值得商榷，因为这三种主体分类并不排他，彼此之间可能存在序列相关问题。此外，制度摩擦在间断均衡理论中应当是决策过程中各类决策成本的叠加，这项研究的测量方式并不能够很好地展现构念的有效性。基于中国场景的既有研究较少地针对决策者和决策过程进行系统性分析，也未能如间断均衡理论所希冀的把官僚制、注意力分配和预算间断均衡联系起来构建理论分析框架。

随着经验研究不断演进，间断均衡理论也由最初解释政策议程变化的政策过程理论，进一步发展为一个有关政府信息处理（government information processing）的动态理论。这一理论将决策过程视为一系列来自政策环境的信号进入政策体系被收集、组合、解释和排序的过程，而在政策体系内部，组织和决策者的注意力，以及来自制度结构对信号的处理都会对最终的政策结果产生影响（Workman et al.，2009）。可以说，间断均衡理论是从内生于决策过程的注意力—制度框架来分析政策和预算变迁问题，这与以往的以偏好为基础的决策分析有着较大差异。正如萨巴蒂尔等人在 2014 年版的《政策过程理论》一书中所指出的那样，间断均衡理论是一个关于个人和集体决策的政策变迁理论。从决策的视角来看，当我们视偏好为相对稳定的时候，我们如何解释政策的剧烈变化？决策外部环境没有巨大变化时，我们如何解释政策的剧烈变迁？间断均衡理论的研究将大规模的间断归因于注意力和制度结构的变化（Sabatier，Weible，2014）。

注意力是理解政策变迁过程的基础（Workman et al.，2009：78）。不同于经济市场中常常面临的信息匮乏问题，在政治市场中，各类有关于决策的信息往往是过度供给的，真正稀缺的是注意力（Jones，Baumgartner，2005）。决策者常常会面临需要权衡取舍的情景：互相竞争的决策信息，以及复杂多元的政策议题，都对决策者的注意力分配和信息处理能力有所要求。间断均衡理论的假定是，决策者和组织都存在认知局限，其信息处理能力也存在瓶颈。当来自决策环境的政策信号进入政策系统，决策者和组织由于信息处理能力的局限而无法对其进行回应，此时就出现了不成比例的（disproportionate）信息处理状态，表现出的政策变迁结果就是长期维持在政策均衡状态附近的边际调整；而当政策信号受到决策者和组织的关注时，政策往往会发生剧烈的变化。由此，我们可以认为，组织与决策者的信息处理能力会影响政策和预算变迁的间断程度。学界对这一理论命题的研究主要从议题的特征入手，对于那些更为复杂、多面的议题，决策者和组织更难于处理，因此政策变迁结果有着更强的间断性（Epp，Baumgartner，2016）；而单一的、易于理解的议题，如那些常年有数据追踪的利率偿付，以及针对特定年龄和人群设置的福利救急，则会呈现渐进的变化状态（Epp，2018）。龙一（Ryu，2011）的研究显示，提高州议会的专业化程度以及提升人力信息处理能力，有助于降低预算支出的间断。

与此同时，间断均衡理论的研究者们始终认为，制度是非中性的，存在各种各样的成本，制度成本会对政策变迁形成阻碍。琼斯和鲍姆加特纳（Jones，Baumgartner，2005）指出，制度成本会形成政策变迁中的制度摩擦，包括决策成本、交易成本以及信息成本。梅等（May et al.，2008）也认为，政治体系中一系列复杂的制度和决策安排，过滤、阻止并且偶尔放大了政策信号。琼斯等（Jones et al.，2003）的研究展示了美国政治过程中不同阶段的制度摩擦和预算间断变化，证实了制度摩擦对于预算间断程度存在影响。一般来说，研究者主要关注制度设计和组织结构差异所产生的制度摩擦对决策过程的影响。具体而言，制度结构会通过影响决策过程的集权与分权程度，进而影响政策变迁。集中的决策过程会有较少的参与者和较少的信息，因此与决策相关的成本、摩擦和冲突也会下降；而分权的决策结构则往往意味着大量的参与者，参与者可能由于彼此在目标、手段等方面的冲突使得决策过程产生更多的制度摩擦和决策成本，由此增加了政策变迁的难度，也即增大间断。如一项有关德克萨斯州 K12 学校预算变迁的研究发现，那些引入科层制度作为集中决策手段的学校，其预算间断程度有所降低，而非科层制度管理的学校则有着较高的预算间断（Robinson et al.，2007）。另一项有关佛罗里达州县政府制度的研究发现，相较于传统的委员会决策的政府形式，经理人式的政府形式有着更集中的决策模式和领导体系，更能有效率地回应辖区的事项，做出重大的政策调整（Kwon，Gonzalez-Gorman，2019）。

基于以上讨论可知，间断均衡理论是解释政策变迁、制度设计与决策者个体注意力分配之间互动机制的重要理论工具。然而，间断均衡理论在中国研究场景中的适用性与有效性仍然有诸多面向有待拓展和检验。本书后续的工作则是这类理论探索工作的一部分。

第3章　预算间断均衡变迁：来自中央预算的证据

“根据什么来决定把资金X分配给项目A而不是项目B?”长期以来，为了回答科伊于1940年提出的这个经典问题，公共预算决策领域的研究者不断进行探索，至今已发展出理性主义、渐进主义与间断均衡三个重要的理论模型（邝艳华，2011；朱春奎等，2012）。由于无法解释公共预算变迁中出现的渐进变迁与剧烈变化并存的现象，理性主义与渐进主义的预算理论受到严重的质疑与挑战。间断均衡理论作为对前述两个理论模型的重要替代，在发现和解释公共预算变迁中的间断均衡现象时展现出了较好的理论有效性，成为当下较为前沿的公共预算决策理论。如前文所述，间断均衡式预算变迁已经在多个国家、多级政府中得到证实。然而，有关中国决策过程中的预算变迁研究仍相对较少。我们关于中国公共预算变迁的间断均衡的认识仍然缺乏一个清晰而全面的研究，本章拟在这方面进行拓展。

首先，本章使用中国中央政府 1995—2019 年间一般公共预算中的功能分类支出决算数据进行实证检验。这是现有研究中首次将研究的时间段拓展到分税制改革以来的最早年份，也是至今在各类统计年鉴中可查到的最早年份，因为长期的数据能够为我们提供更多的预算变迁信息（Robinson et al., 2007）。其次，本书从一个更为综合的角度进行研究，在构建预算变迁的实证数据时，除由于数据缺失而无法使用的功能分类支出外，笔者将全面的政府预算数据纳入考量。间断均衡理论认为，各类预算科目之间存在相互依赖、此消彼长的动态关系，单一类别的预算支出无法使我们系统了解预算变迁的全貌。最后，2007 年我国全面实施了政府收支分类改革，对收入分类、支出功能分类和支出经济分类三方面均进行了调整。与本书直接相关的是支出功能分类的改革。在这次改革中，建立了新的政府支出功能分类体系，这也是科目改革的核心举措之一（楼继伟，2006）。支出功能分类的调整改变了过去以经费形式记录政府开支的方式，采用功能分类的预算支出分类口径，以更好地体现政府职能。因此，在 2007 年前后，预算功能分类支出不完全可比。对此，笔者将中央预算变迁划分为两个时期进行考察：第一时期为 1995—2006 年，第二时期为 2007—2019 年。下面，我们先对两个时期的中央预算支出数据进行统计和图形检验，判断其是否符合间断均衡预算变迁的特点。其后，笔者进一步按照政策目标对预算支出进行分类，分别考察经济建设支出、科教文卫支出以及公共管理支出三类预算支出的变迁特点及间断程度差异，以揭示中央预算变迁中不同类别的动态特征。

3.1 中央预算变迁的总体特征

3.1.1 1995—2006 年中央预算变迁的总体特征

1995—2006 年中央预算的变迁，支持了间断均衡模式存在的理论预期。表 3-1、表 3-2 分别为以 1995—2006 年中央预算“变化分数”为测量指标的预算间断描述性统计与正态性检验结果。如前文所述，预算“变化分数”显示了年度预算新增或减少的比例，下文以变化的百分比形式展示这些结果。从均值来看，这一时期内各个预算支出科目的平均“变化分数”在 10%以上。预算变化的最大值达到 132.1%，这是 1999 年社会保障补助支出的巨额增加所导致的；预算变化的最小值为-68.7%，这是由于 2001 年（增拨企业）流动资金的大幅削减而产生的。这一时期中央预算变迁的峰度值为 15.385，远高于正态分布的峰度值 3；为避免极端值对峰度统计量的影响，笔者计算了峰度值的第四阶线性矩，LKurtosis 值为 0.350，也远高于正态分布的 LKurtosis 值 0.123。据此可以初步判断，1995—2006 年间中央预算变迁并非呈渐进主义下理想状态的正态分布，而是偶尔存在着剧烈的预算变化。进一步，笔者分别使用 K-S 检验和 S-W 检验进行正态性检验，两个正态分布的假设检验均拒绝了预算“变化分数”符合正态分布的原假设。因此，中央预算变化不符合正态分布所代表的渐进模式。

表 3-1　中央政府预算间断描述性统计（1995—2006 年）

时期	观测数	均值	标准差	最大值	最小值	峰度	偏度
1995—2006	179	0. 136	0. 182	1. 321	-0. 687	15. 385	1. 280

表 3-2　中央政府预算间断正态性检验（1995—2006 年）

时期	K-S 检验（D）（p 值）	S-W 检验（W）（p 值）	左截点	右截点	LKurtosis 值
1995—2006	0. 136（0. 000）	0. 822（0. 000）	-0. 285	0. 381	0. 350

图 3-1 使用频率分布直方图显示了这一时期中央预算的概率分布情况，能更清楚地看出预算间断的存在。为便于比较，笔者添加了一条与数据均值、方差相等的正态分布钟形曲线。直观来说，频率分布直方图呈现明显的尖峰态，在图形上表现为“尖峰”与“厚尾”共存的特征，表示数据分布由大量靠近均值的值与少量变动幅度较大的值构成。需要说明的是，预算间断的划分标准，即多大程度上的预算变化属于渐进调整、多大程度上的预算变化属于预算间断，学者们莫衷一是。早期研究认为，5%以内的预算变化可以视为渐进变化（Wildavsky,

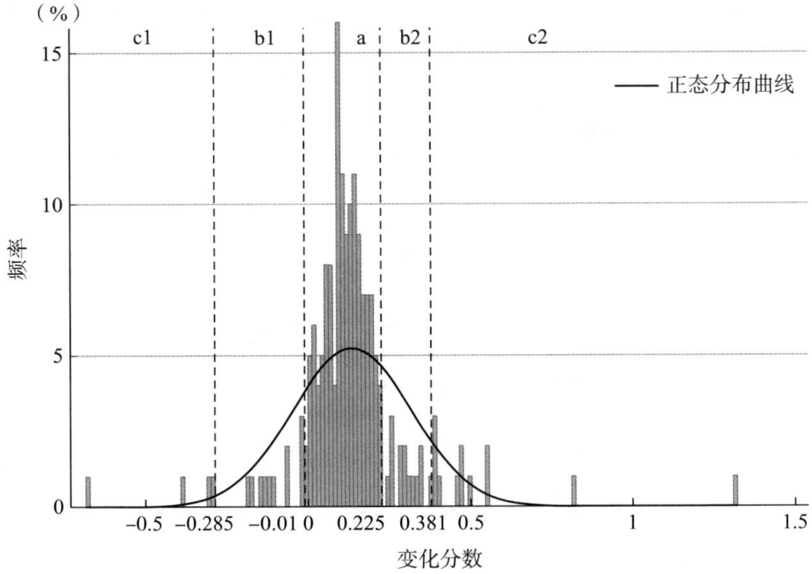

图 3-1　中央政府预算间断频率分布直方图（1995—2006 年）

Caiden，1988）。随着研究的深入，这一标准进一步放宽到 25%甚至 40%（Tohamy et al.，2006；Jones，Baumgartner，2005；Baumgartner，Jones，1993）。罗宾逊等（Robinson，2007）提供了另一种客观的划分标准，其方法是从正态分布曲线与频率分布直方图的交点入手，将频率分布直方图划分为三个区域：直方图高于正态分布曲线的中间区域，直方图低于正态分布曲线的区域，以及直方图零星地高于正态分布曲线的尾部区域。罗宾逊等指出，三类区域分别对应着预算变化的渐进变迁、中等程度的变迁以及剧烈变迁。笔者借鉴这一做法，根据正态分布曲线与频率分布直方图交点进行划分，将中央预算“变化分数”频率分布直方图划分为五个区域。其中，a 区为频率分布直方图超过正态分布曲线的部分，由大量聚集在均值附近的渐进性预算变化组成，表示预算渐进性的增减调整，从频率来看，构成这部分的预算变化数量最多；b1 与 b2 区是频率分布直方图低于正态分布曲线的部分，在两个区域内，这类中等程度的预算"变化分数"频率并不高；c1 与 c2 区域为频率分布直方图高于正态分布曲线的部分，表示预算间断存在。在 1995—2006 年间，预算间断的左右截点分别为-0.285 和 0.381，这表明预算削减幅度超过 28.5%或预算增加幅度大于 38.1%的"变化分数"可被视为预算间断。基于上述分析，我们可以认为中央预算符合间断均衡模式，即同时存在大量渐进预算调整和间断性预算变化。

3.1.2 2007—2019 年中央预算变迁的总体特征

在对 2007—2019 年中央预算变迁的实证分析中，笔者也找到了证明间断均衡模式存在的经验证据。表 3-3 与表 3-4 分别为 2007—2019 年间中央预算间断的描述性统计与正态性检验结果。从均值来看，这一时期内各个预算支出科目的平均"变化分数"在 13%左右。预算变化的最大值达到 258.6%，这是因为 2018 年城乡社区事务支出出现大幅度波动；预算变化的最小值为-79.4%，这是由于 2011 年交通运输支出的大幅削减。这一时期中央预算变迁的峰度值为 20.094，远高于正态分布的峰度值 3；为避免极端值对峰度统计量的影响，笔者也进一步计算了峰度值的第四阶线性矩，LKurtosis 值为 0.5，远高于正态分布的 LKurtosis 值 0.123，据此可以初步判断，2007—2019 年间中央预算变迁并非渐进主义理想状态下的正态分布模式，而是偶尔存在着剧烈的预算变化。进一步，笔者分别使用 K-S 检验和 S-W 检验进行正态性检验，两个正态分布的假设检验均拒绝了预算“变化分数”符合正态分布的原假设。由此可以确认，中央预算变化不符合正态分布所代表的渐进模式。

表 3-3　中央政府预算间断描述性统计（2007—2019 年）

时期	观测数	均值	标准差	最大值	最小值	峰度	偏度
2007—2019	144	0.131	0.401	2.586	-0.794	20.094	3.442

表 3-4　中央政府预算间断正态性检验（2007—2019 年）

时期	K-S 检验（D） （p 值）	S-W 检验（W） （p 值）	左截点	右截点	LKurtosis 值
2007—2019	0.277 （0.000）	0.621 （0.000）	-0.415	0.698	0.500

图 3-2 频率分布直方图显示了这一时期中央预算的概率分布情况。直观而言，频率分布直方图呈现明显的尖峰态，表现为“尖峰”与“厚尾”共存的特征，表示数据是由大量靠近均值的值与少量变动幅度较大的值构成。为便于比较，笔者添加了一条与数据均值、方差相等的正态分布钟形曲线；根据正态分布曲线与频率分布直方图交点，将中央预算“变化分数”频率分布直方图划分为五个区域。其中，a 区为频率分布直方图

超过正态曲线的部分，由大量靠近均值的渐进性预算“变化分数”组成，在2007—2019年中央预算中渐近性预算“变化分数”仍然最多；b1与b2区是频率分布直方图低于正态曲线的部分，如图3-2所示，这类中等程度的预算“变化分数”频率非常低；c1与c2区域为频率分布直方图高于正态曲线的部分，数量较少，但展现了我们所关心的预算间断的存在。在2007—2019年间，预算间断的左、右截点分别为-0.415和0.698，这表明预算削减幅度超过41.5%或预算增加幅度大于69.8%的“变化分数”可被视为预算间断。基于上述分析，我们可以认为2007—2019年间中央预算符合间断均衡模式，即同时存在大量渐进预算调整和间断性预算变化。

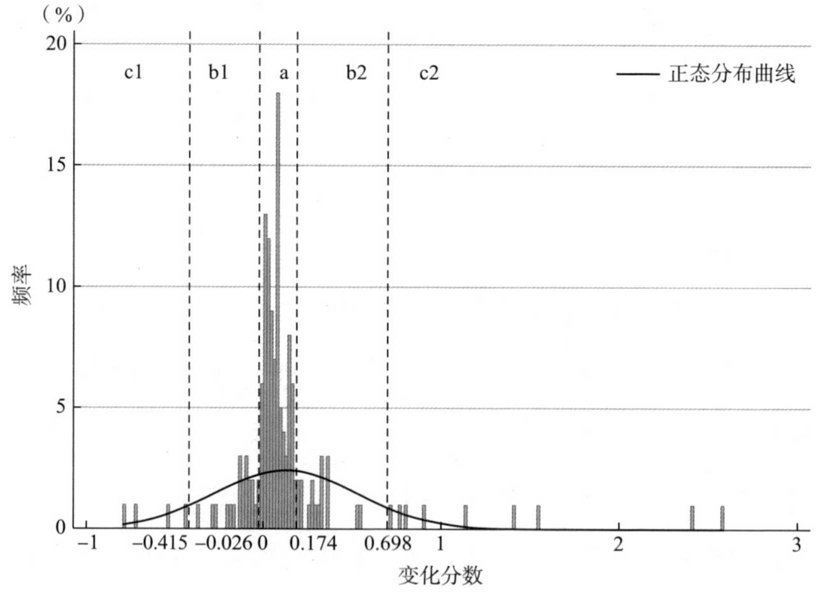

图3-2　中央政府预算间断频率分布直方图（2007—2019年）

将两个时期的中央预算变迁进行比较，可以发现，2007—2019 年间中央预算的间断程度显著高于 1995—2006 年中央预算间断程度。一方面，从均值（一阶矩）来看，1995—2006 年中央预算的“变化分数”均值为 0.136，2007—2019 年中央预算的“变化分数”均值为 0.131，表明两个时期内预算“变化分数”变动程度稳定。另一方面，从 LKurtosis 值来看，1995—2006 年中央预算的“变化分数”LKurtosis 值为 0.350，2007—2019 年间中央预算的“变化分数”LKurtosis 值为 0.500，后一时期有更高的 LKurtosis 值，表明预算间断程度大大增加。

3.2 中央预算功能分类支出的变迁特征

预算间断均衡理论强调了决策者有限理性与制度规则对决策结果的影响。一方面，决策者有限的认知能力和注意力使得他们在处理大量来自政策环境的政策信息时，存在注意力瓶颈，可能过度关注某些政策指标（policy indicator），而忽略了其他议题（Ryu，2011）。另一方面，制度规则可能限制了决策者对政策信息所做出的反应，因为制度设置会在决策过程中产生制度成本和交易成本（Jones et al.，2003），使决策者难以灵活对决策信息做出反应，导致了间断均衡的政策产出。前文笔者对两个时期的中央预算动态变迁的总体特征进行了检验和研究，实证结果显示，中央一般公共预算功能分类支出的预算变化呈现间断均衡的变迁特点，即证实了间断均衡预算变化的存在，同时意味着，决策过程中可能存在着不同程度的有限理性和制度摩擦，影响着政府行为和决策过程。

有限理性与制度摩擦在不同程度上的混合，也会产生不同程度的预算间断（Workman et al.，2009：81）。换言之，通过观察作为政策结果的预算变迁，我们可以得到有关政策目标和决策过程的更多信息。预算间断均衡的研究者进一步推进了这方面的思考，他们通过区分不同预算支出类型的间断程度差异，从政策目标、制度设置以及决策成本等方面，讨论了不同政策领域的差异（Jordan，2003；Ryu，2009；Xiao et al.，2020）。乔丹将不同功能的预算支出与政府政策行为相联系，通过区分预算支出的不同类型，揭示了预算间断程度在不同预算科目之间存在差异的事实。如按照政府政策目标不同，预算可以分为分配型和非分配型预算，前者是指那些用于支撑基本政府功能、维持政府体系运转的消费性开支，后者则往往与发展型目标相关，如投资性的、基础设施建设方面的政府开支。分配型支出往往更为稳定和可持续，这是因为政府需要形成稳定的运转职能和税收基础；而非分配型预算可能由于政府承担着经济发展职能，同时与上级政府的政策目标相关，会经历更大程度的预算波动（Jordan，2003）。龙一把预算支出与其所经过的决策过程和制度环境相联系，进一步提出，不同的制度安排会带来制度摩擦程度和信息供给程度的差异，进而在政策产出上表现为预算间断程度的变化（Ryu，2009）。龙一还对美国各州1947—2004年间的预算开支进行区分，他认为可以根据经济性质将政府预算支出分为专营性支出、法定性支出，以及政府性支出。专营性支出更接近于商业型的资金类型，这类资金基于使用者收费的经济逻辑进行收支，支出资金也与市场经济中的商业公司非常接近。这类财政资金中所存在的制度摩擦较低，信息供给程度较高，因此利于预算资金的稳定，也意味着出现更少的预算间断。法定性支出是指法律规定的强制性支出，比如对特定人群提供的福利和津贴，以及定期偿还的借贷利息等。法定性支出的明显特征是，锚定特殊人群和特定职能的资金都有着明确的指标设置，因此政府可以较为容易地进行循环往复的资金拨款。然而，在设立这些法定福利和进行资金投放时，往往要经过一定程度的制度障碍和政治动员，并且这类资金一旦设置就难以撤回，所以制度摩擦会在一定程度上影响预算开支的变化。对于那些不包含在上述两类的预算开支，则有着难以识别的和更为复杂的政治经济过程，在决策过程中，会面临较多的信息供给和较大的制度摩擦，因此将表现出更显著的均衡稳定与更大程度的间断变化。在一项有关香港财政管理的研究中，肖汉宇等人（Xiao et al.，2020）从财政工具的角度出发，讨论了不同预算科目背后的财政策略和政治阻力对预算间断程度的影响。研究发现，资本支出、限制性支出以及自由裁量的支出往往存在更多预算间断。就资本支出而言，长期的投资往往涉及更多的政治经济和财政利益，因此需要更多的政策辩论与决策协调，而周期性项目建立在既定的规则和运行方式上，并不会带来更多的决策成本和制度摩擦，也有着清晰的政府追踪指标，在资金成本和决策信息方面更为固定，因此在政策议程上不会有很大的间断性。限制性支出是那些具有特定使用目的以确保资金用于特定用途的预算开支，肖汉宇等人认为这类支出与更高的投资风险与信息成本有关，因此采取更为严格的财政规则进行限制，相比非限制性支出，这类开支更容易出现预算间断。由此可见，从政策目标和经济性质等方面对政府预算开支进行细分，可以进一步增进我们对预算间断均衡的认识。

3.2.1 中央预算支出的分类

在对总体性预算变迁模式进行实证分析之后，本部分将进一步按照预算功能对中央预算进行细分，研究不同政策领域的预算开支在间断程度上存在的差异及其特点。过往文献依据不同政策类型对预算支出进行了划分，如洛维（Lowi，1972）将公共政策分为管制型、分配型以及再分配型政策；彼得森（Peterson，1981）则在市级政府层面区分了发展型、分配型以及再分配型政策以对政府支出进行研究，随后这一框架被其他学者广泛使用（Jordan，2003；Kwon，Gonzalez-Gorman，2019）。按照彼得森的分类，发展型政策可以算是政府的主要利益所在，那些能够促进经济增长、扩大税收基础的政策均可归入发展型政策；分配型政策是那些维持政府日常运转、提供基本公共服务的政策，他将这类政策生动地形容为“家务开支”（housekeeping services of government）（Kwon，Gonzalez-Gorman，2019），分配型政策不会损害也不会促进经济发展（Jordan，2003）；再分配型政策则旨在实现社会公平，包括对特殊人群进行补助、提供社会福利等，彼得森认为这类政策和支出有损于地方经济。国内关于财政支出结构的研究也从政府职能和目标出发，对政府支出进行了区分（贾俊雪，郭庆旺，2008；姚东旻等，2020）。一般而言，学者们基本遵循区分经济发展类支出与民生类支出的研究路径，在此基础上再补充其他支出类型。较有代表性的研究，如贾俊雪、郭庆旺（2008）将省级财政支出划分为生产性、社会性和维持性支出三类，并分别使用财政基本建设支出、科教文卫支出以及行政管理支出捕捉上述三种类型的变化态势；姚东旻等（2020）在省级预算过程中区分了经济建设、科教文卫、公共安全三类支出，并将不同支出类型与地方主官的奋斗目标联系起来，探讨地方主官在不同支出类型上奋斗目标的差异。

在借鉴上述研究的基础上，本书进一步将中央功能分类预算划分为经济建设类支出、科教文卫类支出以及公共管理类支出，以考察不同类型支出的间断均衡特点。由于2007年我国进行了政府收支分类改革，因此笔者按照资金实际用途，依照上述三个分类对1995—2019年间预算支出进行了衔接与匹配，并分别在全样本、1995—2006年和2007—2019年两个时期的子样本中进行检验。具体来说，经济建设类支出包括与发展经济事业相关的政府支出。涵盖第一产业、第二产业、商业服务业以及相关配套支出，具体包括基本建设支出、挖潜改造和科技三项费用，（增拨企业）流动资金，地质勘探费，工业、交通、流通/商业部门事业费，支农支出（和各项农业事业费），城市维护建设支出，支援（经济）不发达地区支出，政策性补贴支出，（税务等）其他部门的事业费，以及2007年后的环境保护支出、城乡社区事务支出、农林水事务支出、交通运输支出。科教文卫类支出专指与教育、医疗、文化、卫生相关的政府职能的预算支出，是政府为提供基本公共服务而进行的开支，往往有着稳定和清晰的衡量指标，具体包括文教、科学、卫生支出（事业费），以及2007年后的教育支出、科学技术支出、文化体育与传媒支出以及医疗卫生支出。最后，公共管理类支出主要包括公共安全和行政管理方面的政府开支，是政府为了维持政府和社会正常运转进行的必要支出，具体包括公检法司支出、武装警察部队支出、行政管理费，以及2007年之后的一般公共服务支出和公共安全支出。在对中央预算三分类的基础之上，笔者进行了进一步的检验。

3.2.2 支出分类与预算间断：研究假设

制度摩擦和信息供给的程度在不同制度环境下是存在差异的（Jones, Baumgartner, 2005），因此预算变迁的分布状况和间断程度会由于政府支出所处的制度环境而有所不同（Ryu, 2009）。根据之前按照政策目标对中央预算支出进行的划分，即经济建设类支出、科教文卫类支出以及公共管理类支出，下面笔者将运用间断均衡理论的分析工具对三类支出的内在差别进行探讨，并提出理论假设。

科教文卫类预算支出包含了政府在基本民生和公共服务方面的职能和所投入的资源，这类预算开支主要涉及科学技术、教育、文化体育与传媒以及医疗卫生方面的政府支出。事实上，在我国，科教文卫类支出具有法定性支出的特征（栗玉香，王雍君，2011；张小平，廖世忠，2009），即法律法规对这些特定公共项目的预算支出比例或增长幅度有着明确规定。这一特征使得科教文卫类预算支出有明确的决策指标可以跟踪，能够为决策者提供清晰明确的决策依据，因此表现在决策注意力的变化上是较为稳定的（Baumgartner, Jones, 1993），同时也容易被决策者处理和理解。此外，过往研究揭示针对特定人群和领域的支出投向一旦建立，其后续的增长所遇到的制度摩擦和政治阻力则较少，因此可以保持渐进的变化（Xiao et al., 2020）。

据此我们可以做出如下初步假设：

H_1：科教文卫类支出的预算间断程度较低，变化更为稳定。

经济建设类支出与政府的发展性目标相关，有助于产生实际的经济利益、扩大税基（Jordan，2003），权与冈萨雷斯-戈尔曼（Kwon，Gonzalez-Gorman，2019）指出，任何制度结构的政府都会对促进经济繁荣和增长充满兴趣。因此，相较于科教文卫类支出，经济建设类支出可能存在更多的预算间断。这是因为经济建设类支出往往涉及更多的政治和经济利益（Xiao et al.，2020），且经济建设类的政策议题和项目处于一个由多个决策主体分割决策职能的制度环境之中。一方面，决策参与主体的增多会导致决策有关的信息供给大大增加（Or，2019），同时竞争性的决策信息也将由具有不同利益诉求的主体提出，决策者将面临更为多元的决策信息，而决策信息的增加会对决策者的信息处理能力提出更高的要求，注意力瓶颈也会制约决策过程。另一方面，更多的参与者也意味着存在更多的制度摩擦和协调成本、决策成本，这也会显著加深经济建设类支出的预算间断程度。此外，经济建设类支出还受到宏观经济波动、经济周期变化等诸多因素影响。因此我们可以做出如下初步假设：

H_2：经济建设类支出的预算间断程度高于科教文卫类支出。

为便于研究，在这里，笔者将公共管理类支出定义为包括政府行政管理支出和公共安全支出的一类政府开支。这类支出属于维持政府基本功能的预算开支，具有消耗性的特点，通常这类支出不会损害也不会促进经济的发展（Jordan，2003）。行政管理支出是维持政府机关事务正常运转的基本开支，在预算并不透明的财政环境下，则可能存在较大的变化空间，政府部门有增加部门行政经费的动力（Niskanen，1971）。外部的预算监督和制约力度的增强也有可能促使行政管理经费的削减，因此，行政管理支出可能经历一定程度的预算间断。此外，公共安全和社会稳定对中国十分重要（Wang，2014），然而有关中国公共安全经费的研究，学者们的看法不一致。王裕华（Wang，2014）发现，中国各省份出于维稳的需要，会授予公安部门官员更高的行政地位、将其纳入领导层，而这一制度产生的再分配后果则是相关人员凭借其更高的政治地位，具有了在预算过程中更多的议价能力，最终导致各省份的公共安全类支出大幅增长。然而，姚东旻等人（2020）则认为，公共安全议题在官员的目标体系中仅仅属于达到维持社会治安的最低水平即可，官员缺乏激励推动公共安全支出的增长。陈君诺和赵爽（Chan，Zhao，2016）指出了威权体系下由于缺乏多元、独立的信息供给方，下级就政策执行结果和社会不稳定现象进行隐瞒，这一信息劣势加剧了预算和政策的间断均衡。公共安全议题具有政治重要性，会随着外部冲击和公共事件的产生立即登上政策议程、受到决策者关注；同时，公共安全议题也存在相当程度的政治复杂性，因而也会出现长时间的渐进变化（LeLoup，Moreland，1978）。综合而言，我们可以假设：

H_3：公共管理类支出预算间断程度较高。

依据上述分析，我们可以获得有关三类预算支出在信息供给和制度摩擦方面的一些假设，并初步形成了对各类预算支出间断程度差异的判断，如表 3-5 所示。

表 3-5　中央预算支出分类的间断假设

预算支出分类	信息供给	制度摩擦	间断程度
经济建设类	中	中	中
科教文卫类	稳定	低	低
公共管理类	不稳定	高	高

3.2.3　支出分类与预算间断：实证结果

表 3-6 为分别使用全样本和 1995—2006 年、2007—2019 年两个时期的子样本计算的峰度值和 LKurtosis 值，结合图 3-3 至图 3-8 的频率分布直方图和正态分布图，我们可以获得有关三类预算支出间断程度的特点。为探求一般年份的预算变迁普遍规律，降低异常值对实证结果的影响，此处剔除了 2018 年中央预算支出中城乡社区事务支出和医疗卫生支出两项预算，因为这两项支出出现了剧烈变动。首先，在三组样本中，科教文

卫类支出的预算间断程度最低，是三类支出中最为渐进、稳定的预算支出类型。从峰度值来看，科教文卫类支出的峰度值均为最低，且较为接近正态分布的峰度值 3；LKurtosis 值可以平滑异常值对数据峰度情况的估计，科教文卫类支出的预算间断程度最低，这说明科教文卫类支出在样本年份都呈现边际调整的特点。其次，公共管理类支出经历了更多的预算间断。在全样本中，公共管理类支出的峰度值低于经济建设类支出，然而当考虑减轻异常值影响后的 LKurtosis 值时，公共管理类支出的变化程度远高于其他两类支出；在 1995—2006 年和 2007—2019 年两个子样本中，公共管理类支出的预算间断指标均为最高，这显示了公共管理类支出变迁中存在更大程度的间断均衡现象。最后，经济建设类支出的预算间断程度高于科教文卫类支出，这一特点也在三个样本中得到了证实，这说明经济建设类支出比科教文卫类支出更经常出现大的预算变化。

表 3-6　中央政府预算支出功能分类间断程度差异

预算支出功能分类	全样本		子样本			
			1995—2006 年		2007—2019 年	
	峰度	LKurtosis	峰度	LKurtosis	峰度	LKurtosis
经济建设类	18.768	0.295	7.046	0.150	7.475	0.267
科教文卫类	3.945	0.217	2.116	0.086	3.870	0.262
公共管理类	9.238	0.395	9.977	0.738	6.964	0.388

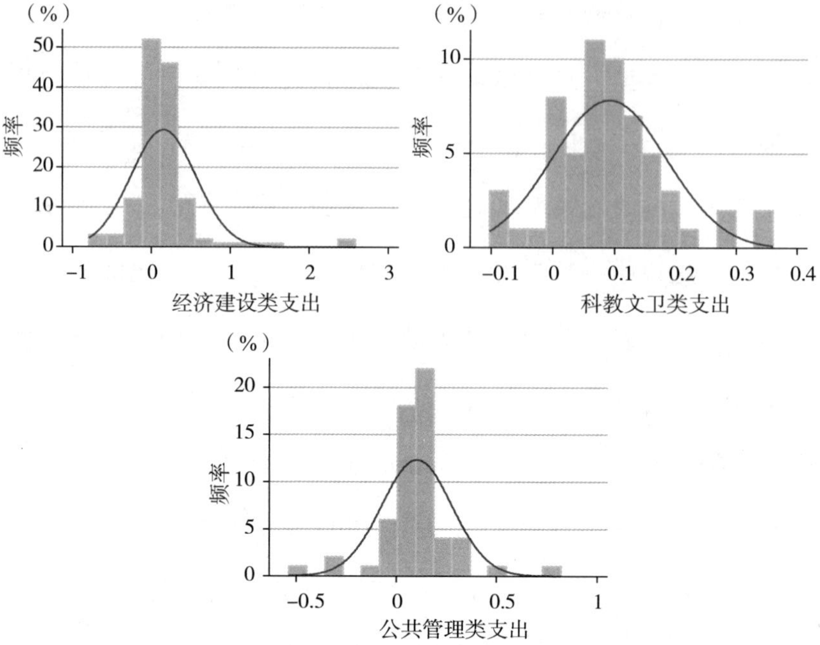

图 3-3　中央政府预算间断频率分布直方图（全样本）

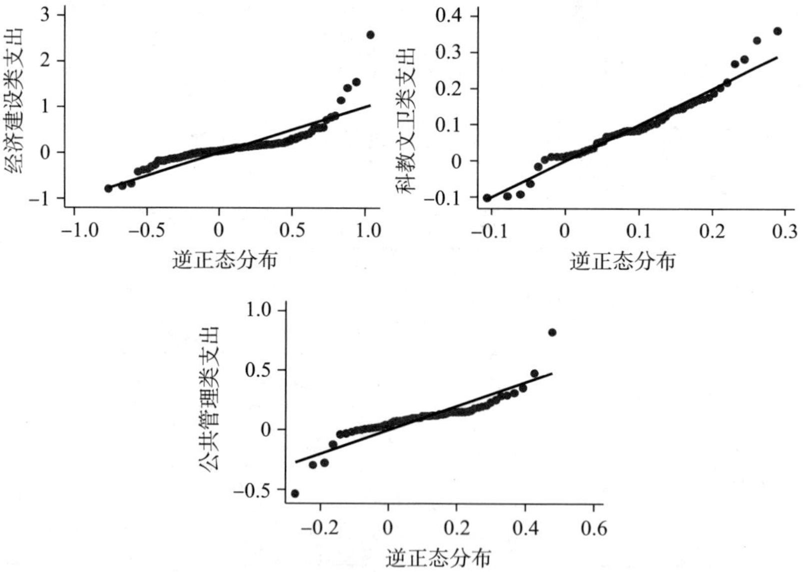

图 3-4　中央政府预算间断正态分位数图（全样本）

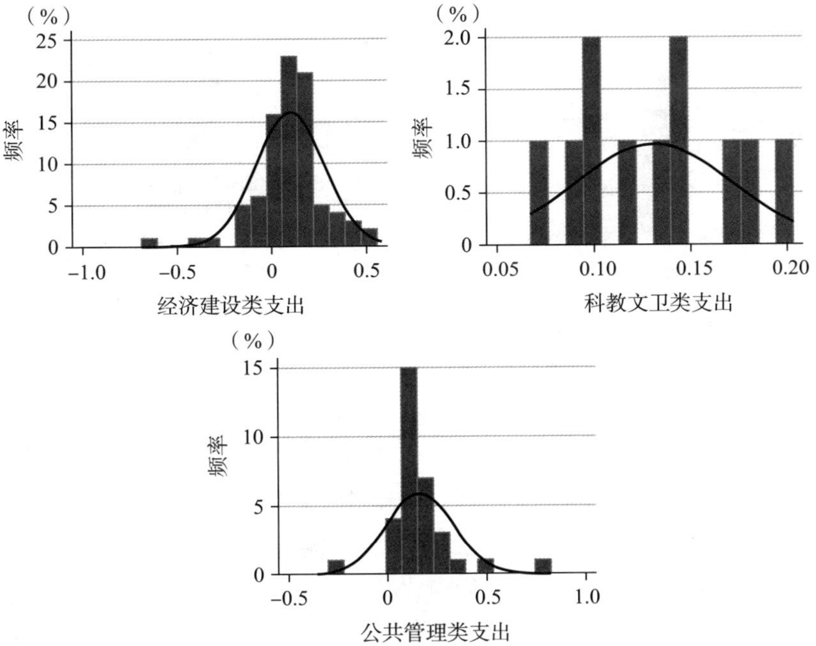

图 3-5　中央政府预算间断频率分布直方图（1995—2006 年）

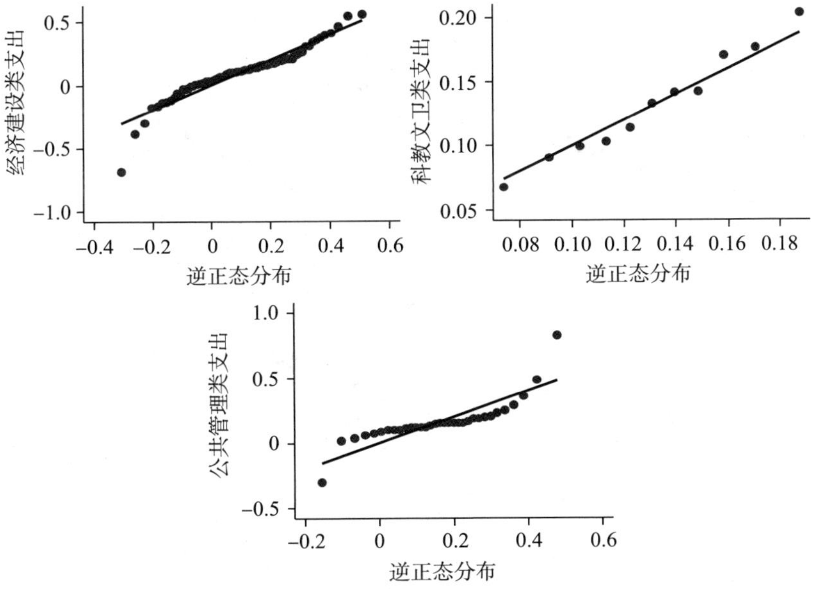

图 3-6　中央政府预算间断正态分位数图（1995—2006 年）

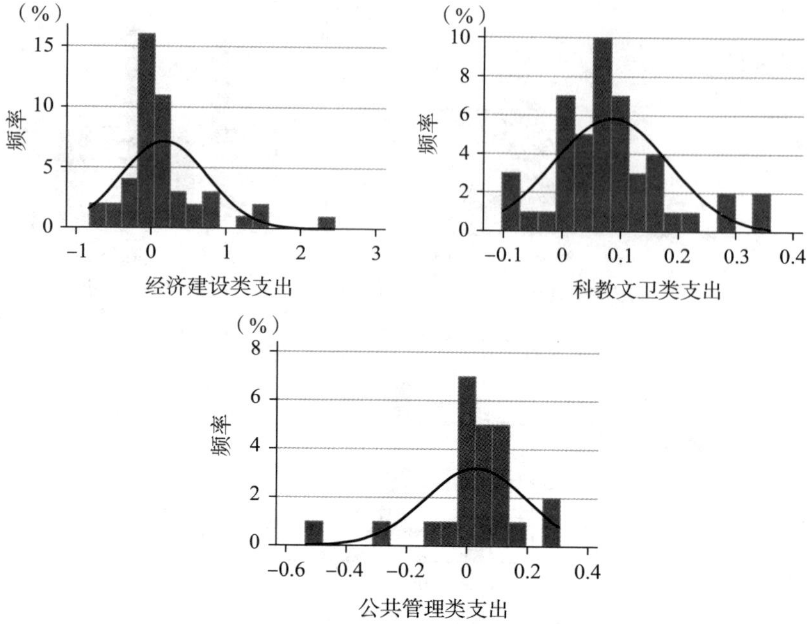

图 3-7　中央政府预算间断频率分布直方图（2007—2019 年）

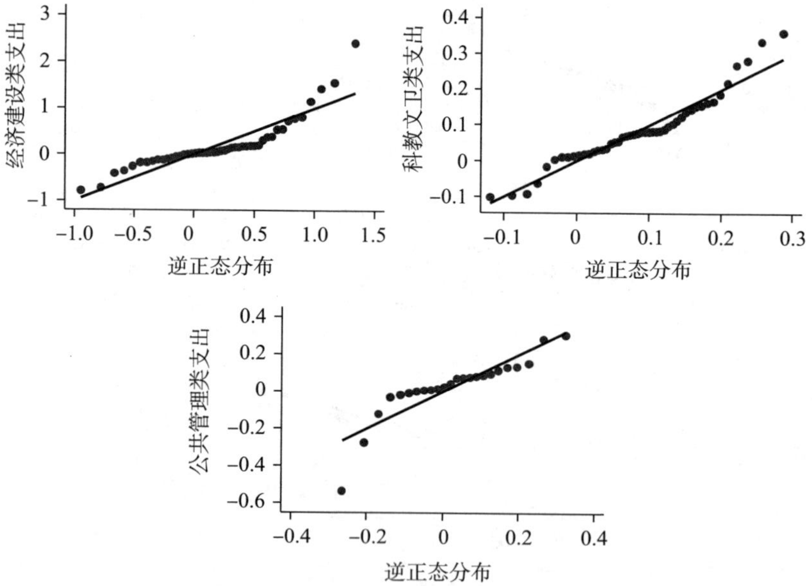

图 3-8　中央政府预算间断正态分位数图（2007—2019 年）

图 3-3 至图 3-8 为笔者使用 Stata 14 软件绘制的上述三类预算支出的频率分布直方图和正态分位数图，可以更为直观地呈现预算变迁的分布态势。从全样本图（图 3-3 和图 3-4）中可以看出，科教文卫类支出总体呈现更为渐进的预算变化状态，其预算变迁概率分布与正态分布曲线也更为接近；经济建设类支出和公共管理类支出都存在大量聚集在均值附近的边际预算变化，在尾部也存在更多的剧烈预算削减和增加，其中公共管理类支出的变动更为剧烈。正态分位数图也显示了类似的信息：图 3-4 中穿过原点的 45 度直线刻画了符合正态分布的样本点位置，可以看出三类支出均不服从正态分布，但科教文卫类支出显然变动更为渐进，经济建设类与公共管理类支出则存在较高的峰度。在 1995—2006 年（图 3-5 与图 3-6）与 2007—2019 年（图 3-7 与图 3-8）两个子样本中，我们也同样可以观察到类似的规律：科教文卫类预算支出总是呈现较为渐进、稳定的变迁状态，其正态分位数图也与正态分布更为接近；而经济建设类支出与公共管理类支出则经历着更大程度的预算间断。

3.3 小结

本章针对中央预算变迁的特点进行了深入研究。笔者分别使用正态性检验和峰度统计量对中央预算的变化进行了统计检验，并确认了间断均衡模式的存在。此外，本章还使用频率分布直方图和正态分位数图直观地呈现了预算变迁中的渐进与间断分布。结论显示，在 1995—2006 年与 2007—2019 年两个时期中，中央预算均呈现间断均衡式的变迁特点，即存在大量围绕在均值附近的预算边际调整，也间或出现剧烈的预算变化打破这一均衡状态。这一研究结论有助于我们深入认识我国中央政府预算支出变迁的基本特点和模式，厘清有关渐进主义预算变迁和间断均衡预算变迁的理论争论。

任何形式的政府都面临着如何在诸多社会议题中配置注意力的问题（Baumgartner, Jones, 2015）。政府对不同领域的政策议题往往存在一定的重要性排序。通过将中央预算支出按照政策目标和功能进行区分，本章研究了经济建设类支出、科教文卫类支出以及公共管理类支出三类预算的变迁特点与差异，并分别使用中央预算功能分类支出中的相应科目来捕捉不同预算类型的变化。通过对全样本，以及 1995—2006 年与 2007—2019 年两个时期子样本的检验，笔者发现，科教文卫类预算支出的间断程度最低，呈现更为稳定的变迁模式，经济建设类预算支出和公共管理类预算支出经历了更多的剧烈变化，且公共管理类预算支出的间断程度更高。间断均衡理论强调决策过程中的注意力配置和制度摩擦对政策产出、预算变化带来的影响，本章对中央预算进行分类研究有助于加深我们对间断均衡理论的理解和认识。由于有着较为清晰和明确的政策指标，科教文卫类预算支出更容易被决策者理解和处理，而且科教文卫类支出大多具有法定性支出的特征，且其增长目标常与上年目标或者特定基数相关，总体的变化和调整相对稳定；有关法定性支出的财政制度和政策要求也会使得这类政府预算在调整变动时面临更少的制度摩擦（Xiao et al., 2020）。经济建设类支出往往与政府的发展型目标密切相关，且其所涉及的政治和经济利益更为广泛和复杂，因此，决策过程中，决策者会面临更多的利益协调和承担更多的决策成本，多元和复杂的决策信息也会加剧注意力瓶颈对个人和组织决策的限制，这些因素都会加剧经济建设类支出的预算间断程度。最后，有关公共管理类支出的发现则更为有趣。本章纳入考量的主要包括行政管理类和公共安全类的政府支出，这些支出具有消耗性的特点，不具有投资性质。然而，由于信息供给的不稳定性和较大制度摩擦的存在，在中央政府的预算变迁中，笔者发现了公共管理类支出存在极为剧烈的预算间断。

上述这些发现验证了本书基于间断均衡理论所提出的信息供给和制度摩擦分析框架：预算间断对于信息和制度是非常敏感的（Ryu, 2009）。信息供给稳定并且制度摩擦较少的政府支出将呈现更为稳定的预算变化，这表明决策者能够更好地处理与这类议题相关的政策信息。而那些信息供给不稳定，并且存在更多政治冲突和制度摩擦的议题领域，往往会经历更大程度的预算间断。这些初步的分析，为我们理解预算的动态变迁提供了一个崭新的视角，未来的研究仍需进一步检验有关决策者与制度方面的具体因素对预算变化的影响。

第4章　预算间断均衡变迁：来自省级预算的证据

至此，本书已对中国预算变迁中的间断均衡现象，在中央政府层级上进行了研究和探索，然而仍然有诸多问题需要进一步的回答。间断均衡理论认为，政策过程中普遍存在的有限理性和制度摩擦是导致政策间断性变迁的主要原因。有限理性是源于人类认知能力本身的天然局限，因此必然会在各类决策过程中普遍存在；制度摩擦来自制度结构所产生的信息成本、协调成本以及决策成本（Jones，Baumgartner，2005），制度摩擦将进一步放大政策过程中的间断变迁，这在制度主义路径下的相关研究中也早已被证实（诺思，2014）。换言之，这两类因素往往内生于制度和决策过程本身，因此间断均衡理论强调，政策变迁的间断均衡特征会普遍性地存在于各个层级的政府过程之中（Baumgartner et al.，2014）。事实上，过往文献也发现了类似的经验证据。通过对预算数据的研究，学者们分别在美国包括联邦政府、州政府、市政府在内的多层级政府中发现了预算间断均衡的现象（Breunig，Koski，2006；Jordan，2003；Jones et al.，1998），同样的证据出现在法国、丹麦、匈牙利等地（Baumgartner et al.，2006；Mortensen，2005；Sebók，Berki，2017）。因此，在探究中央政府预算变迁的动态特征之后，有关省级政府的预算过程仍然引发着我们的兴趣。一方面，制度摩擦和信息供给的程度在不同制度环境下存在差异。在预算决策这样一个受制度因素影响较大的过程之中（Breunig，Koski，2006；2009），不同政治制度与变迁过程会造成预算间断程度的差异（Robinson，Caver，2006；Breunig，Koski，2009；Kwon，Gonzalez-Gorman，2019）。中国各省的制度环境与预算过程为我们研究次国家层面的预算间断均衡差异提供了良好的机会。另一方面，间断均衡理论的研究者指出，由于政治体系内存在层级差异，宏观政治层面的剧烈变化更容易传导至子系统层面，并加剧子系统层面的政策间断（True，Jones，Baumgartner，1999），因此仍然有必要对不同层级政府之间的预算间断特征加以比较。经过截面横向比较后，过往研究还提示我们关注组织历史对预算间断的影响（Robinson et al.，2014），本章也将从时间序列上对各省份预算变迁的动态特征进行研究，并对上述问题进行讨论。

在这一部分，由于中国各省份在经济社会发展水平、资源环境状况等社会基本面存在较大差异，可以预期单位异质性将会影响各地方政府之间的政策和预算间断程度。更重要的是，在我们感兴趣的制度和决策过程方面，各省份也存在多方面的差异，由此也将导致各省份预算间断程度和模式的差异。因此，笔者使用中国31个省级行政单位（除港、澳、台外）1995—2019年间一般公共预算中的功能分类支出决算数据进行实证检验。本部分的预算实证数据同样将研究时期扩展到了分税制改革后的第一年，也是至今在各类统计年鉴中可查到的最早年份，并同时涵盖了包括省、自治区和直辖市在内的省级治理单位，可以说是对中国省级预算过程动态变迁的一次全面检视。同样受2007年预算收支科目分类改革的影响，笔者对这一问题的实证研究也将分为1995—2006年以及2007—2019年两个时间段进行。本章接下来的安排是：首先分别在1995—2006年与2007—2019年两个时期内，对我国各省预算变迁的总体特征进行检验，通过一阶矩（均值）、四阶矩（峰度）以及正态性检验等多种方法，对省级预算变迁中存在的间断均衡状态进行探究。其次，本章将从横向上进一步展示各省份预算间断程度之间的总体差异，并将上述两个时期内的各省份预算间断程度与中央预算间断程度进行比较，以考察不同层级政府之间的差异。最后，本章还将以LKurtosis值为基础，展示各省份在纵向时间序列上的预算间断动态特征，为后文的研究奠定实证基础。

4.1 省级预算变迁的总体特征

4.1.1 1995—2006 年省级预算变迁的总体特征

在 1995—2006 年这一时期中，对各省预算“变化分数”的检验结果证实了间断均衡模式的存在。表 4-1 与表 4-2 分别显示了各省份预算“变化分数”的描述性统计与正态性检验结果。从均值来看，这一时期内各个预算支出科目的平均“变化分数”达到 17.7%，可见省级预算平均变动较大。预算变化的最大值达到 960.9%，是 1996 年河南省的基本建设支出的巨额增加所导致的；预算变化的最小值-64.9%，是由于 2004 年山西省企业挖潜改造资金的大幅削减而产生。这一时期省级预算变迁的峰度值为 356.609，远高于正态分布峰度值 3。为避免极端值对峰度统计量的影响，笔者进一步计算了峰度值的第四阶线性矩，LKurtosis 值为 0.326，也远高于正态分布的 LKurtosis 值 0.123，据此可以初步判断，1995—2006 年间省级预算变迁并非渐进主义下理想状态的正态分布模式，而是偶尔存在着剧烈的预算调整。进一步，笔者分别使用 K-S 检验和 S-W 检验进行正态性检验，两个正态分布的假设检验均拒绝了预算“变化分数”符合正态分布的原假设。由此可以确认，省级预算变化不符合正态分布所代表的渐进模式，间断均衡式的预算变迁在省级预算过程中同样存在。

表 4-1　省级政府预算间断描述性统计（1995—2006 年）

时期	观测数	均值	标准差	最大值	最小值	峰度	偏度
1995—2006	3069	0. 177	0. 344	9. 609	-0. 649	356. 609	14. 068

表 4-2　省级政府预算间断正态性检验（1995—2006 年）

时期	K-S 检验（D）（p 值）	S-W 检验（W）（p 值）	左截点	右截点	LKurtosis 值
1995—2006	0. 181（0. 000）	0. 498（0. 000）	—	0. 985	0. 326

图 4-1 的频率分布直方图显示了这一时期省级政府预算变迁的概率分布情况。为便于比较，笔者添加了一条与数据均值、方差相等的正态分布钟形曲线。借鉴罗宾逊等（Robinson et al.，2007）对预算变迁的划分方法，即根据正态分布曲线与频率分布直方图交点进行划分，笔者将省级预算“变化分数”频率分布直方图划分为五个区域（在这部分，实际仅有四个区域）。其中，a 区为频率分布直方图超过正态曲线的部分，这部分的预算变化数量最多、最接近均值；b1 与 b2 区是频率分布直方图低于正态曲线的部分，这类中等程度的预算“变化分数”频率适中；c2 区为频率分布直方图高于正态曲线的部分，体现了我们所关心的预算间断是存在的，然而由于省级预算“变化分数”存在巨大的右拖尾，c2 区域表示预算剧烈增加的部分，而左拖尾表示预算削减的“变化分数”几乎无法看到，所以实际不存在 c1 区域。在 1995—2006 年间，预算间断的右截点为 0. 985，这表明预算增加幅度大于 98. 5% 的“变化分数”可被

视为预算间断。基于上述分析，我们可以认为省级预算符合间断均衡模式，即同时存在大量渐进预算调整和间断性预算变化。

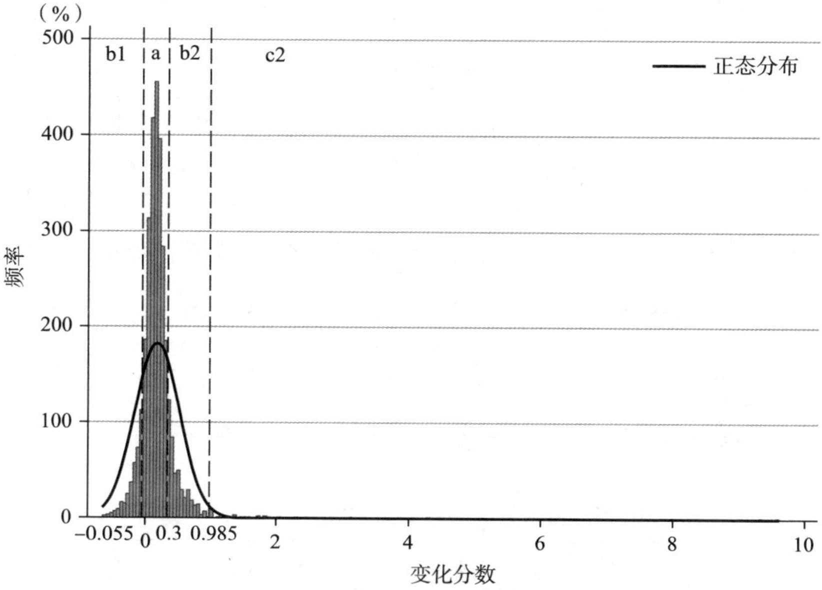

图 4-1　省级政府预算间断频率分布直方图（1995—2006 年）

4.1.2　2007—2019 年省级预算变迁的总体特征

通过对 2007—2019 年省级预算变迁的实证分析，笔者同样发现了预算间断均衡模式存在的经验证据。表 4-3 与表 4-4 分别展示了 2007—2019 年间各省份预算“变化分数”的描述性统计结果与正态性检验结果。从均值来看，这一时期内各个预算支出科目的平均“变化分数”在 16.1%左右。预算变化的最大值达到 518.6%，是 2018 年西藏自治区其他支出的大幅增加；预算变化的最小值为-152.5%，是 2015 年陕西省其他支出的大幅削减。这一时期省级政府预算变迁的峰度值为66.754，远高于正态分布的峰度值（等于3）。为避免极端值对峰度统计量的影响，笔者也进一步计算了峰度值的第四阶线性矩，LKurtosis值为0.356，远高于正态分布下的LKurtosis值0.123。据此可以初步判断，2007—2019年间省级预算变迁并非符合渐进主义下理想状态的正态分布模式。进一步，笔者分别使用K-S检验和S-W检验进行正态性检验，两个正态分布的假设检验均拒绝了预算“变化分数”符合正态分布的原假设。由此可以确认，这一时期的省级预算变化不符合正态分布所代表的渐进变迁状态，而是存在着长期渐进变迁中偶尔被剧烈预算变化所打断的状态。

表4-3　省级政府预算间断描述性统计（2007—2019年）

时期	观测数	均值	标准差	最大值	最小值	峰度	偏度
2007—2019	4464	0.161	0.314	5.186	−1.525	66.754	5.496

表4-4　省级政府预算间断正态性检验（2007—2019年）

时期	K-S检验(D)（p值）	S-W检验(W)（p值）	左截点	右截点	LKurtosis值
2007—2019	0.172(0.000)	0.646(0.000)	−0.906	1.082	0.356

笔者进一步使用频率分布直方图（图4-2）更清楚地展示了这一时期各省份预算概率分布的变化情况。直观来看，频率分布直方图也呈现明显的尖峰态，在图形上表现为“尖峰”与“厚尾”共存的特征，这表明，数据由大量靠近均值的值与少量变动幅度较大的值构成。图中的钟形曲线为与样本数据均

值、方差相等的正态分布曲线。根据正态分布曲线与频率分布直方图交点，笔者将省级预算“变化分数”频率分布直方图划分为五个区域。其中，a 区为频率分布直方图超过正态曲线的部分，可以看出靠近均值的预算“变化分数”最大；b1 与 b2 区是频率分布直方图低于正态曲线的部分，这类中等程度的预算变化频率较低；c1 与 c2 区为频率分布直方图高于正态曲线的部分，体现了我们所关心的预算间断是存在的。在 2007—2019 年间，预算间断的左截点为-0. 906，预算间断的右截点为 1. 082，这表明预算削减幅度大于 90. 6%或者预算增加幅度大于 108. 2%的“变化分数”可被视为预算间断。基于上述分析，我们可以认为 2007—2019 年间，各省份的预算变迁符合间断均衡模式，即同时存在大量渐进预算调整和间断性预算变化。

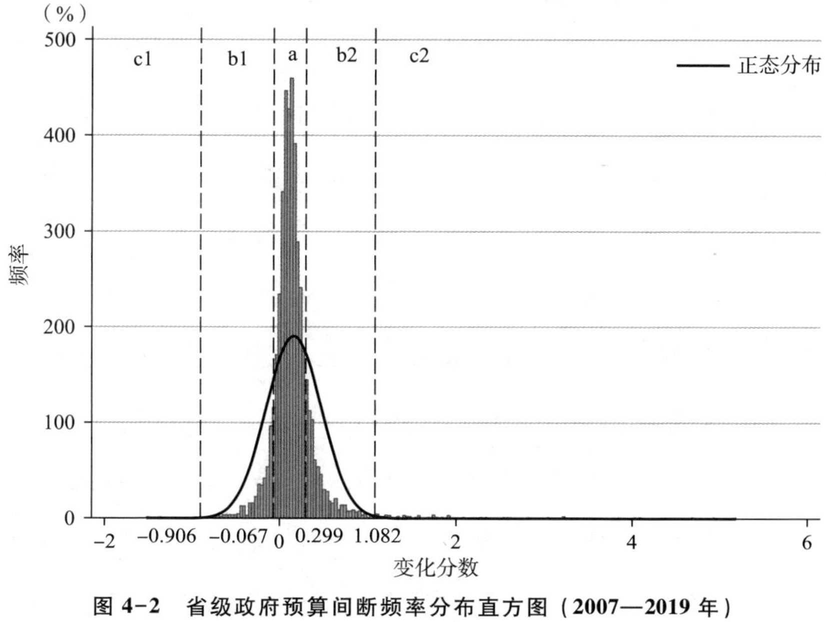

图 4-2　省级政府预算间断频率分布直方图（2007—2019 年）

将两个时期的省级预算变迁特点进行比较，可以观察到，2007—2019年间省级政府预算的间断程度略高于1995—2006年省级政府预算间断程度。一方面，从均值（一阶矩）来看，1995—2006年省级政府预算“变化分数”均值为0.177，2007—2019年间省级预算“变化分数”均值为0.161，前一时期的均值更高，表明平均预算变化程度更大。另一方面，从LKurtosis值（线性四阶矩）来看，1995—2006年省级政府预算“变化分数”LKurtosis值为0.326，2007—2019年省级政府预算“变化分数”LKurtosis值为0.356，后一时期的LKurtosis值更高，表明预算间断程度有所加深。

4.2 省际预算间断变迁的动态差异

为评估我国各省份预算变迁的间断程度与差异，本节将从省际比较、中央与省级两级政府比较，以及省内比较三方面着手，对省级预算过程中的间断均衡现象进行进一步的分析。首先，笔者将依靠K-S正态性检验、S-W正态性检验，以及峰度统计量的第四阶线性矩LKurtosis值，评估中国31个省级行政单位（除港、澳、台外）在1995—2006年与2007—2019年两个时期内的预算变迁模式，判断其符合渐进预算变迁或是间断均衡式预算变迁，并检验预算间断现象是否广泛存在于各省级政府预算中。其次，为回应既有文献所讨论的不同层级政府之间可能存在的预算间断程度差异，笔者进一步使用 1995—2006 年与 2007—2019 年两个时期内的中央预算变迁 LKurtosis 值，与各省预算变迁 LKurtosis 值进行比较，以判断在我国中央与省级两级政府层级中，预算变迁的剧烈程度具有何种差异与特点。最后，笔者利用各省每年度的预算科目变动，计算了 1995—2019 年间各省年度预算“变化分数”的 LKurtosis 值，以直观显示各省份预算变迁的动态特征。

4.2.1 省际预算间断的比较

预算决策过程是一个制度密集的决策环境（Breunig, Koski, 2009），资金分配的过程和结果会受到正式制度和非正式制度的共同影响（马骏，侯一麟，2004；2005）。根据间断均衡预算理论，制度会给预算过程带来决策成本和信息成本（Breunig, Koski, 2006），因此不同的制度设置和制度变迁也必然会带来预算变化的差异。一些来自预算过程的实证研究已经发现了地区政府间存在的预算间断程度差异。如布鲁尼格和科斯基（Breunig, Koski, 2006）使用美国 50 个州 1982—2002 年间的预算数据，发现各州预算间断的程度存在差异，其中纽约州的预算间断程度最大，而新泽西州的预算间断程度最小。陈君诺和赵爽（Chan, Zhao, 2016）对中国 27 个省级行政区（剔除港、澳、台地区以及四个直辖市）的预算变迁将进行了检验，发现各省份存在不同程度的预算间断。李文钊等使用各省份 2007 年以来的预算数据也对预算间断现象进行了探寻，发现了类似的间断均衡式预算变迁模式（李文钊等，2019）。

与前述研究不同的是，本书将对省级预算变迁进行一个更为全面的检视。一方面，笔者拓展了研究时期，提供了从1995—2019年间省级预算变迁的数据检验。间断均衡理论所关注的政策和预算变迁问题，通常应当在一个较长时期内进行观察，研究时期过短会使得我们仅仅观察到渐进的预算变化，而忽略那些大规模的预算调整。另一方面，笔者的研究对象囊括了省、自治区以及直辖市在内的31个省级行政单位。陈君诺和赵爽（Chan, Zhao, 2016）指出了选择直辖市作为研究对象会存在研究单位异质性的问题。然而，本书主张将直辖市也纳入实证检验之中，这不仅是因为直辖市在多数研究中往往被视作与其他省级行政单位同一级别的研究对象被关注和处理，涵盖直辖市和自治区这些中国行政区划中的特色治理单元也将为我们检验和观察省级政府的预算变迁提供更全面的经验证据。最后，笔者以预算科目年度实际金额为基础，计算预算“变化分数”。笔者认为，真实金额的变化比预算支出占比的变化更能反映预算的波动。这是因为各类预算支出的占比可能无法在更大变异区间内捕捉预算的调整，进而使得我们忽略或正或负的剧烈预算变迁，这也是本书与前述研究不同之处。

间断均衡理论认为，符合正态分布的预算变迁即预算渐进主义者们主张的边际式预算调整，每一年度的预算变化率都较为微小，是在上年预算基础上增减调整的结果。为此，分别对各省份的预算变迁“变化分数”进行正态性检验，我们可以获得有关各省预算变迁模式的初步知识。结合 K-S 正态性检验与 S-W 正态性检验的结果来看，在 1995—2006 年间，我国 31 个省级行政单位的预算变迁逐一拒绝了服从正态分布的原假设，这意味着上述政府的预算变迁模式符合间断均衡理论所预期的状况，即在大量渐进、边际的预算调整之外，还存在剧烈的预算变化，表 4-5 中第二列与第三列显示了这些结果。可以看到，大部分省份的 K-S 检验拒绝了正态分布的原假设，证明预算数据中同时存在渐进与剧烈变迁；在那些 K-S 检验 p 值较高的省份，结合 S-W 检验结果可以进一步确认，这些省份的预算变迁数据也不服从正态分布。

表 4-5　各省预算“变动分数”描述性计及 LKurtosis 值（1995—2006 年）

省份	K-S 检验(D)（p 值）	S-W 检验(W)（p 值）	均值	标准误	LKurtosis 值
安徽	0.108（0.101）	0.940（0.000）	0.195	0.209	0.224
北京	0.099（0.144）	0.949（0.000）	0.173	0.201	0.260
重庆	0.202（0.000）	0.554（0.000）	0.265	0.491	0.362
福建	0.067（0.410）	0.985（0.344）	0.144	0.127	0.191
甘肃	0.146（0.015）	0.771（0.000）	0.157	0.260	0.306
广东	0.128（0.039）	0.914（0.000）	0.141	0.187	0.296
广西	0.146（0.015）	0.960（0.005）	0.165	0.223	0.243
贵州	0.152（0.010）	0.848（0.000）	0.167	0.239	0.319
海南	0.193（0.001）	0.826（0.000）	0.155	0.339	0.379

（续表）

省份	K-S 检验(D) (p 值)	S-W 检验(W) (p 值)	均值	标准误	LKurtosis 值
河北	0.120（0.057）	0.945（0.000）	0.153	0.175	0.274
河南	0.392（0.000）	0.900（0.000）	0.159	0.198	0.253
黑龙江	0.164（0.005）	0.875（0.000）	0.175	0.270	0.298
湖北	0.209（0.000）	0.715（0.000）	0.198	0.377	0.389
湖南	0.125（0.045）	0.900（0.000）	0.159	0.198	0.253
吉林	0.165（0.004）	0.799（0.000）	0.148	0.264	0.348
江苏	0.084（0.248）	0.954（0.002）	0.208	0.144	0.234
江西	0.170（0.003）	0.767（0.000）	0.176	0.278	0.322
辽宁	0.089（0.212）	0.953（0.001）	0.146	0.171	0.254
内蒙古	0.091（0.192）	0.971（0.028）	0.183	0.192	0.156
宁夏	0.177（0.002）	0.848（0.000）	0.207	0.284	0.290
青海	0.145（0.016）	0.883（0.000）	0.157	0.286	0.282
山东	0.066（0.425）	0.965（0.009）	0.175	0.144	0.180
山西	0.211（0.000）	0.592（0.000）	0.173	0.369	0.411
陕西	0.138（0.022）	0.919（0.000）	0.170	0.201	0.271
上海	0.135（0.028）	0.864（0.000）	0.208	0.165	0.296
四川	0.090（0.200）	0.931（0.000）	0.138	0.197	0.240
天津	0.111（0.088）	0.941（0.000）	0.163	0.176	0.241
西藏	0.144（0.016）	0.890（0.000）	0.160	0.365	0.265
新疆	0.107（0.103）	0.933（0.000）	0.162	0.243	0.259
云南	0.064（0.448）	0.975（0.055）	0.099	0.187	0.140
浙江	0.118（0.062）	0.938（0.000）	0.200	0.135	0.227

为评估各省份预算间断程度的状况与差异，本节继续使用LKurtosis这一统计变量进行研究。表4-5最后一列显示了在

1995—2006 年这一时期内各省份的 LKurtosis 值。一般而言，LKurtosis = 0. 123 则意味着数据呈现正态分布，从本书的估计结果中可以明确看出，各省份都高于 0. 123 的正态边界值。据此，我们可以认为，各省份均普遍存在预算间断现象。进一步地，我们可以对各省份的预算间断程度进行排序和比较。在 1995—2006 年间，云南省 LKurtosis = 0. 140，为预算间断程度最低的省份；而山西省 LKurtosis = 0. 411，为各省中预算间断程度最高的省份。图 4-3 中的左侧小图是依据 1995—2006 年各省 LKurtosis 值进行排序的结果，我们可以直观而清晰地观察到各省存在的预算间断差异。

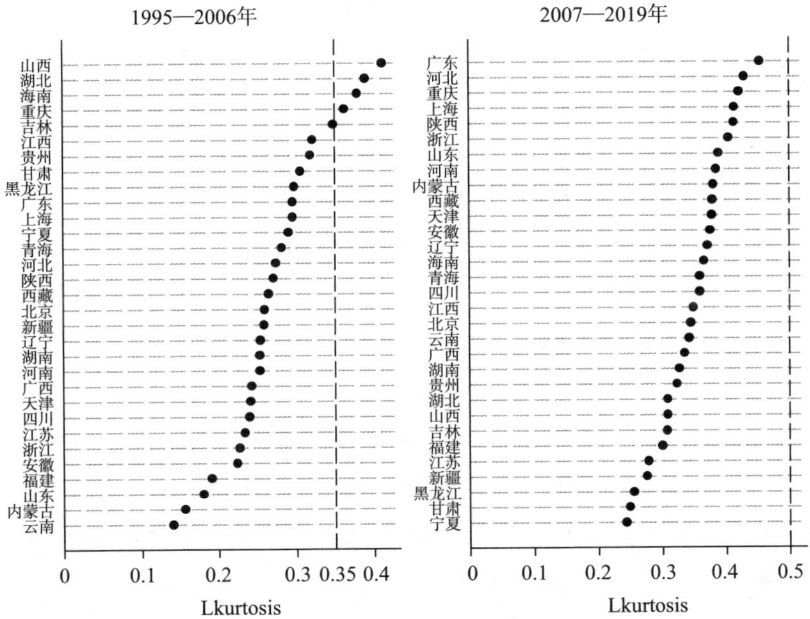

图 4-3　中央与各省份预算间断差异的比较

注：虚线表示中央 Lkurtosis 值，左侧图为 0. 35，右侧图为 0. 5。

同样地，结合 K-S 正态性检验与 S-W 正态性检验的结果来看，在 2007—2019 年间，我国 31 个省级行政单位的预算变迁均拒绝了服从正态分布的原假设，这意味着所有省份的预算变迁模式符合间断均衡理论所预期的状况，即在大量渐进、边际的预算调整之外，还存在剧烈的预算变化，具体检验结果见表 4-6 的第二列与第三列。

表 4-6 各省份预算"变动分数"描述性统计及 LKurtosis 值（2007—2019 年）

省份	K-S 检验（D）（p 值）	S-W 检验（W）（p 值）	均值	标准误	LKurtosis 值
安徽	0.178（0.000）	0.786（0.000）	0.139	0.269	0.376
北京	0.177（0.000）	0.840（0.000）	0.123	0.210	0.345
重庆	0.233（0.000）	0.459（0.000）	0.165	0.380	0.421
福建	0.153（0.001）	0.766（0.000）	0.151	0.244	0.300
甘肃	0.105（0.043）	0.926（0.000）	0.154	0.213	0.249
广东	0.234（0.000）	0.583（0.000）	0.197	0.442	0.454
广西	0.125（0.011）	0.863（0.000）	0.144	0.241	0.336
贵州	0.159（0.001）	0.732（0.000）	0.164	0.274	0.324
海南	0.209（0.000）	0.746（0.000）	0.190	0.317	0.366
河北	0.245（0.000）	0.452（0.000）	0.199	0.445	0.429
河南	0.230（0.000）	0.507（0.000）	0.157	0.308	0.385
黑龙江	0.119（0.017）	0.937（0.000）	0.153	0.238	0.255
湖北	0.145（0.002）	0.857（0.000）	0.158	0.240	0.309
湖南	0.145（0.002）	0.833（0.000）	0.149	0.180	0.327
吉林	0.137（0.005）	0.716（0.000）	0.189	0.329	0.308
江苏	0.108（0.036）	0.888（0.000）	0.127	0.166	0.279

（续表）

省份	K-S 检验(D) （p 值）	S-W 检验(W) （p 值）	均值	标准误	LKurtosis 值
江西	0. 155（0. 001）	0. 732（0. 000）	0. 178	0. 257	0. 350
辽宁	0. 190（0. 000）	0. 761（0. 000）	0. 140	0. 292	0. 371
内蒙古	0. 196（0. 000）	0. 666（0. 000）	0. 173	0. 292	0. 381
宁夏	0. 102（0. 049）	0. 961（0. 000）	0. 137	0. 225	0. 243
青海	0. 203（0. 000）	0. 744（0. 000）	0. 198	0. 405	0. 359
山东	0. 267（0. 000）	0. 327（0. 000）	0. 174	0. 429	0. 389
山西	0. 155（0. 001）	0. 781（0. 000）	0. 145	0. 269	0. 309
陕西	0. 171（0. 000）	0. 716（0. 000）	0. 133	0. 315	0. 413
上海	0. 219（0. 000）	0. 478（0. 000）	0. 148	0. 371	0. 414
四川	0. 180（0. 000）	0. 839（0. 000）	0. 153	0. 248	0. 359
天津	0. 227（0. 000）	0. 665（0. 000）	0. 207	0. 369	0. 378
西藏	0. 199（0. 000）	0. 564（0. 000）	0. 221	0. 571	0. 379
新疆	0. 133（0. 006）	0. 886（0. 000）	0. 155	0. 249	0. 276
云南	0. 159（0. 001）	0. 779（0. 000）	0. 134	0. 247	0. 343
浙江	0. 213（0. 000）	0. 469（0. 000）	0. 147	0. 300	0. 404

表 4-6 中的最后一列为 2007—2019 年这一时期内各省份的 LKurtosis 值。从表中可以看出，各省份的 LKurtosis 值都高于 0. 123 的正态边界值。据此，我们可以认为，各省份在 2007—2019 年普遍存在预算间断现象。进一步地，我们可以对各省份的预算间断程度进行排序和比较。在 2007—2019 年间，宁夏回族自治区 LKurtosis = 0. 243，为预算间断程度最低的地区；而广东省 LKurtosis = 0. 454，为预算间断程度最高的省份。图 4-3 中

的右侧图依据2007—2019年各省份LKurtosis值对各省预算间断程度进行了排序。

4.2.2 中央与省级预算间断的比较

在验证了预算间断式变迁广泛存在于各个政府层级之后，间断均衡理论还倡导对不同政府层级的间断程度进行比较。在间断均衡理论者看来，政策变迁是一个自下而上的过程：政策变迁的动力往往来源于政策子系统，进而溢出到宏观政治体系，借由宏观政治的影响力产生政策变迁。与此同时，鲍姆加特纳等人（Baumgartner et al.，2014）指出，科层制产生了政策间断传导的对等。由于组织决策的并行处理模式，子系统之间相对隔绝和孤立，这一特征减弱了自下而上传导政策间断的溢出效应（spillover effect）。换言之，自下而上的政策间断传导较为困难，而自上而下的间断性影响则更容易发生。由此，他们倾向于认为，更低层级的政府组织将会产生更多的预算和政策间断，而更高层级的政府组织则会经历较少的政策和预算间断（Baumgartner et al.，2014）。然而，理论分析难以对此问题给出一个一般性答案，需要针对不同对象和背景进行深入研究和具体分析（Workman et al.，2009）。现有文献并未提供足够的经验证据和理论解释，本书将通过中国中央与省级预算变迁的对比，对不同层级的预算间断差异提供进一步的实证证据。

为判断中央与省级两个政府层级之间预算间断程度孰高孰

低，笔者分别使用各省份预算“变化分数”的 LKurtosis 值，与中央预算“变化分数”LKurtosis 值进行比较。图 4-3 直观地展示了对比结果，其中的黑点是各省份 LKurtosis 值，虚线是中央政府的 LKurtosis 值。可以看出，在两个时期内，中央预算间断程度高于绝大部分省级预算。由图 4-3 可知，在 1995—2006 年这一时期内，中央预算 LKurtosis 值为 0.350，除山西、湖北、海南、重庆四地的预算间断程度高于中央预算间断程度以外，其余省份的预算间断程度均比中央预算间断程度低。在 2007—2019 年间，中央预算 LKurtosis 值为 0.500，这一预算间断程度高于所有省级地方政府的预算间断程度，最为接近中央预算间断程度的是广东省，其预算 LKurtosis 值为 0.454。上述实证结果显示出，在中国中央与省级两级政府层级中，中央预算往往存在更大幅度的预算波动。某些省份在个别时期中预算间断程度超过中央，则可能是由于外生因素导致的预算变动。

4.2.3 省际预算间断的动态变化

政策过程的研究视角为我们理解预算分配结果提供了一个重要的思考路径。威尔达夫斯基指出，公共预算所需回答的问题并非仅仅是在 A 和 B 两种活动之间分配具有稀缺性的资源，它还需要解释上述问题的另一个重要方面，即如何通过一个政治过程来达成妥协，以解决隐藏在稀缺性资源分配背后的社会冲突问题（Wildavsky，1961）。从政策过程研究的视角看，预算过程研究是将问题的焦点置于预算方案出台之前，各种参与者（个体和组织）和各种影响因素（信息、资源、信念、正式和非正式的规则等）之间交互作用的过程，从而为一些关键问题提供解释（Wildavsky，1961）。遵循这一思路，各个理论模型实际上为我们提供了思考影响预算过程的因素的不同角度，如预算渐进主义理论认为引起预算变化的主要原因是外生因素（Davis et al.，1966；Baumgartner et al.，2014），而间断均衡理论则更多地将预算变迁的影响因素归于组织和决策过程等内生因素。不难理解，预算反映着政府的政策行为和资金投向，其必然受到多方面不断变化着的，来自政治、经济、社会以及制度方面的影响。正是由于这类内生或外生影响因素的不断变化，政府议程也不断产生着调适与改变，进而影响预算的分配。因此从长期来看，预算变化应当是一个动态的过程，不同时期的预算间断程度可能存在差异。

间断均衡理论致力于构建一个不同于以往的预算决策模型，特别强调以议程为基础、以决策者注意力为驱动的决策过程对预算和政策产出的影响。根据过往研究者对决策过程的长期观察，政策议程和决策者注意力都会随着时间而发生改变。布鲁尼格和科斯基使用美国 50 个州的预算数据，通过计算 LKurtosis 值展示了各州在观测年度内预算间断动态变迁的过程（Breunig，Koski，2009）。他们发现，各州的预算变迁不仅呈现出间断变化的特征，而且各州在不同年份的预算间断程度也存在差异。这些发现刻画了不同组织、不同时期的预算变迁动态，而捕捉这一过程的 LKurtosis 值可以为进一步的多元回归分析提供实证基础。借鉴布鲁尼格和科斯基（Breunig，Koski，2009）的方法，笔者利用各省份不同年度的 LKurtosis 值，绘制了 1995—2019 年间各省份预算间断程度的时间序列变化图（图 4-4）①，以期进一步展示各省份预算间断的动态变迁。为便于观察，笔者添加了一条 LKurtosis = 0. 123 的直线，表示正态分布的 LKurtosis 值。

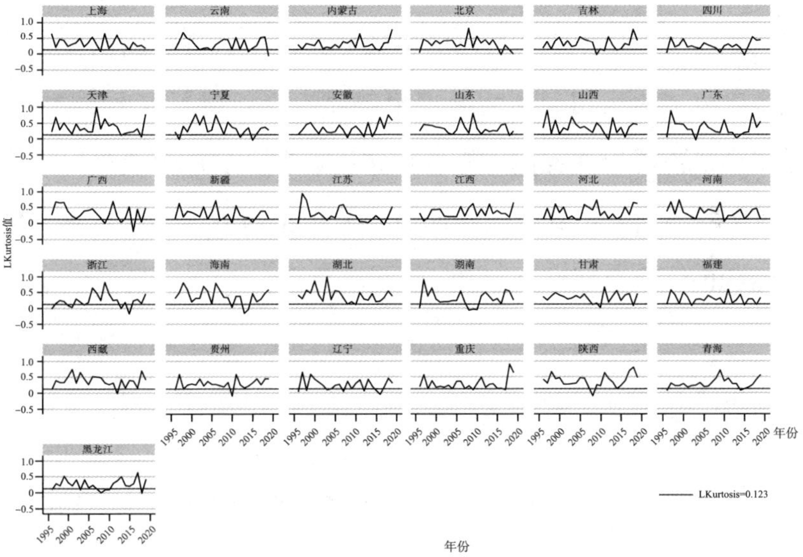

图 4-4　各省份预算间断程度的时间序列变化（1995—2019 年）

从图 4-4 中可以看出，预算间断现象广泛存在于各省的预算过程之中：在大部分年份，各省的预算“变化分数”均高于

① 在这里笔者合并了两个时期的 LKurtosis 值以形成一个连续的预算间断时间序列，由于 LKurtosis 值可以综合地体现一个省份在一个时期的预算间断程度，笔者认为这样的做法是合适的。2007 年仅有安徽和北京有数据。

表示正态分布的直线，各个功能分类的预算支出科目经历的动态变化远比我们想象的更加频繁和丰富。预算“变化分数”等于或低于正态分布直线表示该省在这一年度中，各功能分类的预算支出仅仅经历了微小的调整，呈现与上年几乎一致的预算分配结果。此外，图 4-4 还直观地展示出，各省级预算间断程度在不同年份中也存在差异。这些对各省在不同年份的预算间断变化进行测量的指标作为构造预算间断省际差异的重要变量，进一步运用于本书后续的实证研究之中。各省在制度上的差异，将成为运用间断均衡理论解释预算间断差异的出发点，本书的研究将促使我们更好地理解决策者和制度等内生因素如何影响预算过程，这也将是间断均衡理论与中国政策过程和制度结构的一次重要结合。

4.3 小结

本章提供了一个有关中国各省预算间断均衡的全面检验。笔者分别在整体和比较的视角下，对我国 31 个省级行政单位的预算变迁过程进行了细致的检验。本章得出的结论主要有：(1) 我国省级预算过程普遍存在着间断均衡式的变迁特征；(2) 相比于中央预算变迁，省级预算变迁经历着更小幅度的预算间断；(3) 不同省份在不同年份的预算间断程度存在显著差异。

本书可能的贡献在于：首先，本章的研究将间断均衡的理论分析和实证工具拓展运用到了中国 31 个省级行政单位的预算。根据间断均衡理论，本章的发现进一步说明省级预算的决策过程并不是一个基于上年预算分配结果的渐进预算过程，而是与中央政府类似，均存在着预算和政策变迁中的间断均衡现象。其次，为考察不同政府层级之间预算间断程度的差异，笔者使用 LKurtosis 值作为预算间断的度量指标，对 1995—2006 年以及 2007—2019 年两个时期内的中央与各省份预算间断进行了比较分析。在两个时期内，中央政府预算有着更为剧烈的预算变化，远远高于其他各省。这一结果说明了不同层级的政府之间的确存在着一定程度的间断性差异，但是这一差异的来源和传导机制有待进一步的探索和研究。最后，借鉴过往研究的测量方法，笔者使用 LKurtosis 值构造了各省份 1995—2019 年间预算间断程度的时间序列变化。这些对预算间断的测度，一方面显示了预算间断在不同省份、不同年份之间的动态变化与差异，另一方面也为后续的实证研究和检验提供了数据基础。大量有关预算间断均衡的研究讨论了来自决策者和制度环境对预算变迁的影响（Breunig，Koski，2006；2009；Epp，2018；Ryu，2011；Sebők，Berki，2018；Chan，Zhao，2016；Kwon，Gonzalez-Gorman，2019）。基于这些发现，我们可以进一步尝试从中国各省份的制度环境和决策模式这一研究视角入手，对各省之间的预算间断差异进行解释。

第 5 章　地方预算间断的解释：理论分析与研究假设

公共政策的研究者认为，既有微小调整也有剧烈变动的预算变迁是间断均衡式的预算变迁。进而，研究者试图解释：预算变迁为什么会呈现这种变化？什么因素导致了渐进的和剧烈的预算变化共同存在？为什么预算间断程度存在差异？从现有研究来看，学者们从多个视角出发对预算间断进行解释，这些研究进路形成一个从宏观至微观的研究谱系。宏观的研究进路是致力于对国家之间，或者一国之内不同时期的预算变迁和间断程度进行比较。学者们常常从比较政治制度或政治体系的维度入手，对预算变迁程度进行对比，并发展出如信息劣势、决策开放性等解释性的理论框架（Jones et al., 2019；Sebők, Berki, 2018；Lam, Chan, 2015）。微观的研究进路则是以一个国家为研究场域，试图通过解释次国家层面的政策和预算间断差异来理解制度、决策和权力之间的复杂关系（Chan, Zhao, 2016；Breunig, Koski, 2009）。这类研究需要结合不同研究对象所特有的制度体系和政策过程进行，因而在研究方法和理论创新方面有着较大的推进空间。近十几年来，一系列的研究开始尝试解释那些能够产生更多或更少政策间断的特定制度及其内在机制。这些研究往往通过经验性的证据，将政策变迁与特定的制度相关联，来分析制度对政策和预算间断的影响（Breunig，Koski，2009；Ryu，2011；Robinson et al.，2014；Epp，Baumgartner，2016；Flink，2015；Kwak，2016）。学者们通过提供经验证据，对预算间断在各种组织内部、政府预算科目之间、不同政府形式之间等的差异进行解释（Ryu，2017；Robinson et al.，2007；Kwon，Gonzalez-Gorman，2019），证实了来自预算类型（Ryu，2011）、政策过程中的制度摩擦（Jones et al.，2003）、官员权力（Breunig，Koski，2009）、机构改革（Robinson，Caver，2006）、议题复杂度（Epp，Baumgartner，2016）、制度能力（Epp，2018）等因素的影响。

国内学界开始关注中国研究场景中注意力分配、制度设计与政策变迁的关系，现有研究具有下述特点。其一，较多研究侧重于对注意力在中国情境中的分配和强化机制、影响因素、政策和组织后果等进行分析，分别从制度结构、外部激励、政策特征以及决策者个人特征等方面解释注意力的变动（张程，2020）。中国政策过程中存在如“领导高度重视”等独特注意力吸引行为（庞明礼，2019；周雪光，练宏，2012），中国干部考核体系亦成为塑造决策者注意力的重要“指挥棒”，官员晋升激励、财税激励以及特定任务的正向激励与负向惩罚，均会引导注意力分配（赖诗攀，2020），并产生地方政策响应差异（易兰丽，范梓腾，2022）。其二，少量研究试图拓展以议程为基础的、注意力驱动的预算变迁模型，对预算间断均衡理论框架进行中国化（邝艳华，2015；徐宏宇，吴金鹏，2022）。但是，既有研究侧重于对单个政策领域的预算间断特征及影响因素进行分析，忽视了预算资金作为一个整体来实现地方治理目标的功能，由此也就忽视了预算间断均衡与地方官员、治理体系之间的关系。此外，现有研究已经证实了中国在中央和省级政府预算中的间断均衡现象，并试图基于劳资纠纷（Chan，Zhao，2016）、所得税收入分配改革和党代会周期（李文钊等，2021）对其进行解释。然而，这些研究并没有深入研究影响决策者和决策过程的系统，也没有尝试将官僚制、注意力分配和预算间断联系起来。本章旨在基于第二类研究视角及现有研究补充经验性证据。

理解和解释中国的政策过程和治理模式一直是海内外学者强烈的研究兴趣所在。由于地方官员在推动地区经济增长、政策创新、预算制定等过程中扮演了重要角色（周黎安，2007；朱旭峰，张友浪，2015；马骏，侯一麟，2005），以地方官员为切入点来研究中国地区治理、决策制定等问题成为十分重要的研究视角。对此，过往研究也涌现了诸多富有价值的理论思考，时至今日仍然深刻影响着中国的相关研究。例如，不同于西方的选举逻辑，中国学者提出了官员晋升锦标赛模型（周黎安，2007），将中国的经济增长归因于地方官员对晋升激励所产生的理性回应，即通过提升经济绩效来获得提拔和擢升，并据此对中国地方官员在政策过程中的决策偏好和行为模式进行分析。近年来，一些研究开始关注和强调在中国的官员选拔、激励与培养体系下出现的官员流动现象对地区治理产生的影响（姚洋等，2020；Zhu，Meng，2020；牛婧，魏修建，2020；朱旭峰，张超，2020；钱先航，曹廷求，2017）。在政治学与公共管理领域，学者们也关注地方官员对制度、权力和政策过程产生的影响（Lieberthal，Oksenberg，1988；李侃如，2010）。这些理论模型总结和贡献了一个重要的研究进路，即基于地方官员的个体理论视角，考察其对地方决策过程和政策变迁产生的影响。

通过前面章节的研究，我们已经获得了有关中国预算变迁中存在间断均衡特征的初步认识，并且分别在中央政府预算和31个省级政府预算之中发现了经验证据。基于此，我们可以进一步追问：在中国的制度环境和决策过程中，哪些因素会影响预算间断？这些影响因素作用于预算间断的机制又是什么？本章的研究定位是对中国各地方之间存在的预算间断程度差异提供理论解释；基于间断均衡理论中认知层面和制度层面的分析工具，从地方官员影响政策和预算过程的角度进行理论分析，提出研究假设。本章尝试构建一个基于地方官员晋升激励、任职流动和兼任模式以及内部社会经济特征的分析框架，对我国各省份预算间断均衡的现象进行进一步探究。

5.1 理解地方预算过程

预算过程的研究者强调，政治制度的变化是影响预算分配结果的关键因素。鲁宾在《公共预算中的政治：收入与支出，借贷与平衡》一书中，较早地提出了考察政治制度和权力结构对预算结果产生的影响。她认为，政府的形式会对预算分配的结果产生影响，如经理制和市议会的政府形式，就会对预算分配产生不同影响。理解这一现象的核心在于，不同政府形式下的预算控制核心权力存在差异，经理制政府更多地表现出预算过程的“行政控制”，这意味着行政机构往往具有强大的否决权，对预算分配产生实质性影响。而市议会的政府形式则体现出了强烈的“政治控制”特征。预算渐进主义决策理论也强调美国政治制度设计所产生的“政治僵局”，以及随之而来的只能局限于对预算分配的边际调整的现实状况。类似地，间断均衡理论的研究也关注制度在决策过程中的作用。琼斯与鲍姆加特纳（Jones，Baumgartner，2005）指出，制度会给决策过程带来成本，不同的制度会产生不同程度的制度摩擦，最终产生间断程度各有差异的政策产出。

预算变迁研究越来越多地尝试在预算与制度设计之间建

立关联，以解释间断均衡的出现。例如布鲁尼格与科斯基（Breunig，Koski，2009）研究了美国各州之间预算制度差异导致的预算间断程度的差异。权与冈萨雷斯-戈尔曼（Kwon，Gonzalez-Gorman，2019）在有关佛罗里达州县政府制度的研究发现，相较于传统的委员会决策的政府形式，经理制的政府形式有着更集中的决策模式和领导形式，更能有效率地回应辖区的事项，做出重大的政策调整，因此呈现了更剧烈的预算间断。总体来看，一些研究强调把制度设计和预算动态联系在一起，然而它们之间的关系需要更进一步的检验，而且制度产生这些影响的具体机制使得预算间断过程更可能或更不可能发生也需要进一步的理解。

在中国预算过程的研究中，学者们主要基于“权力—制度”的逻辑给出了理解中国政策过程的答案。其中，有关中国政策过程的一个经典概括来自李侃如等人的研究（Lieberthal，Oksenberg，1988）。他们提出了碎片化体系的分析框架，描述政府职权被职能、地域和级别逐一分割的碎片化状态。彭铭刚（2013）研究了政府职能在环境治理中存在的职能分割现象。如在淮河治理的相关研究中可以看出，治理淮河的职权来源有多个，包括淮河流域水资源保护领导小组，河南、安徽、江苏、山东四省的省政府及其地方政府、各级政府的环保部门和水利部门（杨鹏，2005）。多层级政府和职能部门多元参与的同时，也产生了“家家争权、家家不负责”的困境，难以形成有效的整体性治理力量（彭铭刚，2013）。

马骏等人的研究为我们理解地方预算过程提供了有益的研究基础。马骏和侯一麟的研究指出，中国省级预算过程中存在着预算分配权碎片化的状态，而且这种碎片化的权力分割状态还存在于省级政策过程和政府内部。具体而言，我国的省级预算中，存在多个“核心预算机构”，财政部门作为理论上的预算机构地位并不明确，其他“核心预算机构”的存在意味着缺乏一个具有权威性和能够统一协调的部门进行总体上的财政控制（马骏，侯一麟，2004）。他们（2005）描述了省级预算过程和政策过程分离的状况下，政策过程横向被分管部门和领导分割，政策过程不能转化为预算偏好；另外，来自上级政府的政策干预也削弱了本级政府的预算完整性。他们的研究还认为，预算缺乏自主权、预算过程零碎以及非正式制度的影响，使得省级预算过程产生了预算产权、部分等级制和完全等级制三种预算结构，揭示了不同省级预算过程的内部非正式的差异。而对于省级预算过程的重要参与者，一般认为党委和政府是预算过程中的主导，由此形成了一个“行政预算体系”，人大发挥着审批和监督的作用（於莉，2007）。也就是说，在省级预算过程中，省委书记、省长和省人大常委会主任均是主要的参与者，但各省份在实际制度运行和权力结构配置上存在差异（张树剑，2011）。

大体而言，有关预算过程的现有研究存在下述几方面的特点。其一，现有研究仅从某一类或某几类预算支出来研究地方官员对预算支出的影响，缺乏一个全面的预算过程的视角。而间断均衡的预算研究提示我们，在支出总额相对稳定的前提下，政府预算各科目之间存在此消彼长的依赖关系。其二，现有研究仅强调官员微观个人特征的解释路径，忽视了政策制定和预算过程中其他参与者以及来自制度的影响。如大量研究关注了官员受教育程度、年龄、民族、性别等方面的影响，但将这些微观特征运用于选官模式的研究尚可，而在解释实际政策过程和政治过程中不免令人有隔靴搔痒之感。其三，缺乏对预算过程中的制度和权力的理论分析和经验证据。有关地方官员的研究层出不穷，甚至学者们已经对省级以下的治理单位进行了探讨。但多数研究聚焦于行政体系内部，将政府预算视为政府内部不同部门之间的博弈结果，而忽视了整体性的预算过程视角。此外，近年来出现了一些囊括党委主要领导与政府主要官员的预算研究，但在中国的正式预算过程中，重要的参与主体如人大常委会主任的影响尚未得到充分的关注（周雪光等，2020）。特别是来自政治学和公共管理视角下的研究更多的是个案研究，缺乏普遍性、通则式的知识。

在正式的地方预算过程中，一般遵循“两上两下”的预算制定程序。具体过程如下：

（1）“一上”。支出部门在收到财政部门的年度预算编制通知之后，对部门下一年度的支出进行测算，然后报送财政部门。

（2）“一下”。财政部门收到各个部门的预算后，由职能处室对各个部门的预算进行审查，然后将审查意见反馈给各部门。在下达反馈意见的同时，财政部门根据往年的预算情况和对未来年度收入的预测，给各个部门下达一个控制数，要求各个部门在控制数内修改部门预算。

（3）“二上”。各个部门在财政部门下达的控制数内重新编制本部门的预算，然后报送财政部门。财政部门审查各个部门的预算后，汇总编制政府预算。之后，报政府常务会议讨论。财政部门根据政府常务会议的意见修改预算，然后报同级党委审查。最后，财政部门将政府预算草案报人大常委会初审。人大常委会初审后形成的政府预算在人大会议召开时提交大会审议通过。

（4）“二下”。人大通过预算后，由财政部门批复给各个部门，开始预算执行。

从预算过程来看，地方党委、人大和政府部门都是预算过程的主要参与者。在省级预算过程中，省委书记、省长和省人大常委会主任均是对政策过程具有重要影响力的关键地方领导人。与预算过程中的关键参与者密切相关的制度设计会显著地改变权力结构，也必然会对预算结果产生重要影响。鲁宾（Rubin，1990）也认为，权力的分散还是集中，是影响预算过程具有政治意义的重要特征。权力的相对分散会造成预算制定中更多的矛盾和冲突，随之而来的讨价还价和协调成本也将更高

(Robinson, Caver, 2006)。对此，笔者将在中国地方预算过程中考察决策者认知能力和制度设计变化对预算变迁的影响。

5.2 晋升激励

长期以来，在解释中国发展奇迹和增长动力的研究议题上，地方官员一直是学界热衷于探讨的经典研究视角。官员作为政策制定者，本就是影响政策的关键变量，在中国这样一个具有贤能主义特征的官员选拔制度体系之下，针对地方官员的研究具有独特之处。早期的研究聚焦地方官员激励的问题，认为地方官员面临的晋升激励是中国实现地方经济增长的重要引擎（周黎安，2007；徐现祥等，2007；张军等，2007）。中国的选官模式不同于西方的选举逻辑。在西方国家，官员赢得选举或者获得连任主要依赖于对选民负责、实施选民的偏好，从而获取选票。而中国的地方官员选拔模式则更多地被看作是一个“选拔、激励和培养”的综合性过程（姚洋等，2020），有学者将其内在机制概括为“晋升锦标赛”（周黎安，2007），也有学者认为中国的官员选拔体系是一种“尚贤制”或“贤能主义”模式（贝淡宁，2016）。周黎安提出的“晋升锦标赛”揭示出官员晋升、组织激励与经济绩效之间的关系，即官员面对晋升激励，从个体理性的角度出发实施的促进地方经济增长的行为，客观上造成了中国总体经济发展的局面。由于地方官员在推动地区经济增长、政策创新、预算制定、贸易往来等过程中扮演了重要角色（周黎安，2007；朱旭峰，张友浪，2015；马骏，侯一麟，2005；牛婧，魏修建，2020），以地方官员为切入点成为研究中国的一个重要视角。

在研究议程和注意力的问题时，最关键的第一步是找到有影响力的参与者（Brasil et al.，2020）。地方官员显然是地方政策过程和预算制定的主要参与者。在理解中国地方预算过程的研究中，由于行政体系是制定公共预算的主体，一个重要的研究出发点便是政治家和官员。现有研究主要从能力和激励两个角度解释省级官员对政策和预算过程的影响。虽然这些研究有了诸多发展和变体，但其基本内在逻辑都是认为，官员的能力和激励结构是影响地方发展的主要动因。一方面，省级官员有能力影响预算过程（杨良松，2013；杨良松，庞保庆，2014）。中国的中央政府自20世纪80年代开始将部分经济管理权力下放给了地方，客观上地方政府具有了辖区内的经济决策权（Jin et al.，2005）。我国实行财政分权体制，地方官员在辖区内有一定程度的自由裁量权，有能力通过政策制定来影响地方预算支出。马骏和侯一麟通过对中国东部两省的实地调研，揭示了省级官员能够影响资金分配（马骏，侯一麟，2005）。此外，省级官员的权力高于同级政府中财政部门负责人的权力，还可以通过“批条子”等非正式制度来影响预算支出（马骏，侯一麟，2004；2005）。另一方面，“晋升锦标赛”从激励角度解释了官员的支出行为（周黎安，2007；Lazear，Rosen，1981；Becker，Huselid，1992；张军等，2007），晋升使得地方官员有激励通过影响政策和预算过程，来实现特定的治理目标。“晋升锦标赛”主要基于中国独特的干部人事管理体制，上级掌握着下级干部的任命权，通过考核和擢升官员，来实现对地方有效治理的政策引导。依托“晋升锦标赛”理论，学界涌现了大量富有价值的理论和实证研究，且仍然在不断发展。总体而言，在考虑官员流动对政策和预算过程的影响时，官员的个人特征成为可以测量的现实选择，大量研究考察了官员个人特征包括年龄、性别、受教育程度、民族等因素对政策过程和政策产出的影响。

基于上述分析可知，地方官员的晋升激励显著影响着决策过程和其行为偏好，然而我们仍然需要解释，晋升激励是如何从个体层面和组织层面对政策结果产生影响的。间断均衡理论认为，注意力而不是信息，是决策过程中的稀缺资源（Jones，Baumgartner，2005）。对于政策议程的竞争会造成政策信息的过度供给，产生决策者注意力分配不均的后果。注意力对于各类议题的不成比例分配，会在政治体系内造成不成比例的信息处理，因此作为政策结果，我们会观察到政策变迁出现一些议题的剧烈变化，而另一些议题维持原样的状态。如前所述，大量对中国官员的研究显示，晋升激励影响和改变着官员的决策能力和行为。地方官员在“晋升锦标赛”之下，其一般行为倾向是通过改善任期内的政绩，获得政治擢升。从认知因素来看，晋升激励越强的官员，越会主动增强收集和处理政策信息的能力，并在政策制定和预算分配过程中主导政策议程，以施加政策偏好。因此笔者认为，晋升激励会提升地方官员的信息处理能力。随着决策者信息处理能力的提升，政策间断程度亦会有所降低。

地方官员的晋升激励会显著影响政策过程中的制度摩擦。间断均衡理论认为，决策过程中存在各种各样的成本，如信息成本、决策成本以及认知成本等，这些决策成本会在政策过程中形成制度摩擦（Jones，Baumgartner，2005）。制度摩擦会阻碍政策变迁的发生（Jones et al.，2003），减缓政策信息转化为政策方案的速度（Brasil et al.，2020），使得一旦政策发生变化，必然是巨大的调整。一些来自政策企业家的研究显示决策者个体在政策过程中可以发挥作用，如推动政策议程、实现政策变迁和创新等（金登等，2017；朱亚鹏，肖棣文，2014；陈天祥等，2018）。笔者认为，当地方官员具有更强的晋升激励时，其可以通过控制政策议程和预算分配过程，主导政策讨价还价和政治博弈过程，由此使得政策过程中遭遇的制度阻力减小和作为政策变迁结果的预算间断程度进一步降低，如图 5-1 所示。

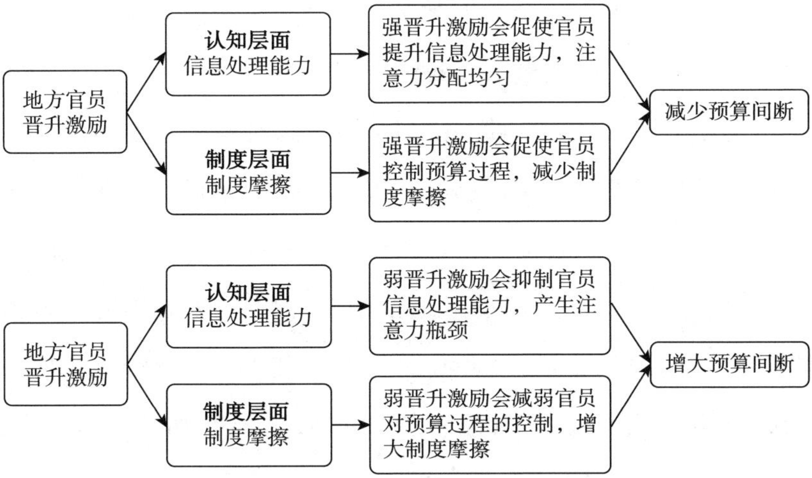

图 5-1　官员晋升激励分析框架

据此，笔者提出第一项研究假设：

H_1：晋升激励与辖区预算间断程度负相关。

5.3　任职流动

基于对中国独特选拔政府官员模式的深入研究，一些研究者提出，官员的空间流动和异地调动也会带来一些政治、经济和社会影响。学者们通过经验研究揭示了地方政府官员流动对地方贸易、资金流动、安全监管、政策创新所产生的影响。例如牛婧、魏修建（2020）的研究显示，市级官员的跨地区流动使得官员同时掌握了任职地与关联地的资源和信息优势，进而对省际贸易产生影响。钱先航、曹廷求（2017）的研究发现了地方政府官员流动中的“钱随官走”现象，省委书记任职一地期间，来自其出生地和来源地的资金流入会增加。朱光喜、陈景森（2019）的研究揭示了我国干部流动制度对地方政策创新扩散的制度意义。朱旭峰、张超（2020）对中央与地方之间的官员流动形成的“央地网络”研究发现，央地间官员流动有助于形成信息优势，进而助推政策试点的选择。此外，近年的一些研究还关注了官员流动对地方治理和财政支出产生的影响（姚东旻等，2020；Zhu，Meng，2020），其中官员的来源和任期是其影响和改变地方预算结构的重要因素。如姚东旻等人（2020）认为，省级官员对经济建设、行政管理和公共安全三大政策领域有着差异化的奋斗目标，因此产生了不同的预算支出结果。而朱旭峰和孟天广（Zhu，Meng，2020）的研究显示，异地调动的官员流动产生了地方社会性支出趋同的政策结果。杨良松、庞保庆（2014）的研究指出，官员任职经历的差异化造成了对中央政策执行上的差异。有研究发现，来自中央或兼任中央政治局委员的地方官员，显示了中央对地方进行政治控制的政策意图（Huang，2002），这类官员更有意愿执行中央政策。相对地，来自本地的官员具有更强的本地主义（localism）（杨良松，2013），更倾向于保持较好的政治关系，不愿意或者难以打破预算格局，难以改变当地的预算分配状况（马骏，侯一麟，2005）。

据过往研究可知，官员的差异化任职经历会赋予官员差异化的决策信息能力，由此会进一步影响地方官员在面对政策议题和政策信息时的注意力分配。官员来源通常指官员任职经历中分别在中央、本省以及外省的工作经历或者时长，不同任职经历的官员，拥有不同的信息。拥有本地信息（local knowledge）是地方治理过程中的一个优势（Hayek，1996）。在对本地信息的了解程度上，来自本省的官员一般更有当地信息的优势，因此具备更强的信息处理能力，可以更为均匀地分配注意力。对此，笔者进一步细分了省内任职经历和省级任职经历。这主要是因为，省级预算的制定仍是以省级职能部门为主体的一个政治过程，因此有省级任职经历的地方官员更具地方信息处理优势。相对而言，来自中央的官员则更有中央政策和政治的信息优势，然而其对省内政策过程的了解程度和政治控制上，可能存在一定的劣势，因此预期来自中央的官员相对缺乏本地信息优势，在政策议题之间会产生不成比例的注意力分配模式，如图 5-2 所示。

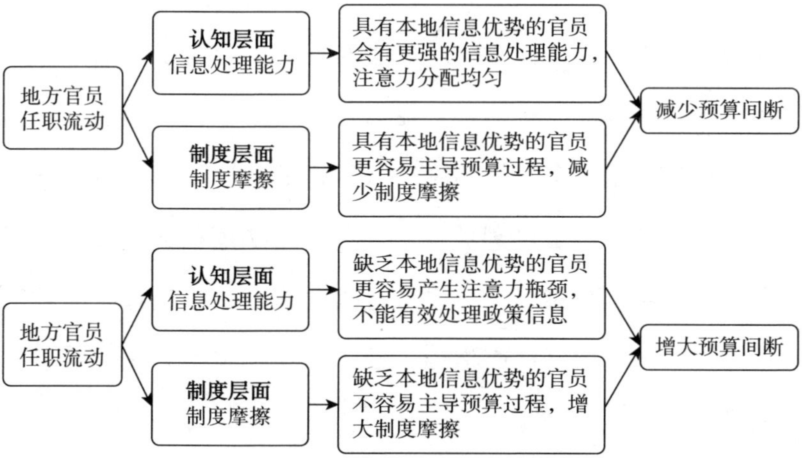

图 5-2　官员任职流动分析框架

据此可以初步假设：

H_2：信息优势与辖区预算间断程度负相关。

官员任职流动产生的任期限制也直接影响官员的决策考虑和治理行为。从认知层面来看，任期较长的地方官员更为了解本地信息，在政策过程中更容易实施某些偏好。因此，一些政策问题可能会被长期忽视，而另一些政策问题则持续主导着政策议程。在面对多元的政策议题时，地方官员因为有更强的信息处理能力，会产生渐进的政策结果。从制度层面来看，地方官员任期的增加会在一定程度上助长本地主义。这就使得在政策过程中，任期长的官员更容易在地区治理中施加政策偏好。此外，官员的任期越长，其任内的政策连续性越强，由此会产生预算变迁较为稳定的政策产出。一些研究揭示了官员更替带来的政策不连续性，以及预算间断现象（王贤彬，黄亮雄，2020；姚东旻等，2020）。因此，当官员不更替时，预算结果可能较为稳定。相反，任期较短的地方官员可能由于缺乏对本地信息和治理过程的已有知识，在面对相对陌生的政策议题时出现难以处理大量政策信息、注意力瓶颈的状况，由此造成作为政策产出的预算变迁剧烈波动。另外，在制度层面，任期较短的官员在短期内也难以主导政策过程、施加政策偏好，因此对政策过程中出现的制度摩擦因素缺乏减缓的能力。据此可以初步假设：

H_3：任期与辖区预算间断程度负相关。

5.4 兼任制度

干部兼任制度是在治理实践中体现政治地位或者赋予政策资源的一种独特人事安排，通常指一名官员同时兼任两个及以上的职务（Li，Wu，2022）。既有研究一般将兼任制度进一步区分为纵向兼任和横向兼任两种情况。其中，纵向兼任是指兼任一个与现有职务具有级别差异的职务，而横向兼任则是指兼任一个与现有职务级别相同的职务。研究发现，通过纵向向上兼任职务，赋予官员更多权力和进入领导层的机会，可以确保其政治忠诚、提升其在预算中讨价还价的能力（Wang，2014），也有助于在科层体系下争取更多资源（Li，Wu，2022）。

类似地，官员横向兼任职务可以增强政治控制（Burns，Wang，2010）和政策稳定性（周雪光等，2018），在解决组织之间的信息不对称（肖滨，卜熙，2020）、建构组织之间的认同感和忠诚感（Xia，1997）、避免政策自相矛盾和相互僵持等方面也有助益。与地方预算制定过程密切相关的是省委书记兼任同级人大常委会主任这一政治实践。兼任通常表明一人同时兼任省委书记和省人大常委会主任两个职务，也有学者将其概括为“一肩挑”（肖滨，卜熙，2020）、兼职模式（张书林，2013）以及“任职双轨制”（李家磊，2018）等。但应注意，本书所分析的兼任制度区别于党政一体化的兼任——党委领导兼任同级政府首脑。在中国的省级职位中，这两个职务通常都是分设的。本书旨在分析兼任制度的动态变迁过程，其原因的分析仍然有待进一步的讨论，由于这不是本书研究的重点，在此不赘述。在研究层次的选择上，本书选择在省级层面进行研究。中国政治的一个重要特点是层级特征鲜明。我国设有中央、省、市、县、乡（镇）五级政府。在党委书记兼任的问题上，既有研究已经发现其具有层级差异的特点，肖滨和卜熙（2020）将其概括为“省级兼任化—县乡专职化—市级弹性化”的差异结构。也就是说，不同层级的政府在党委书记是否兼任同级人大常委会主任上，已经形成差异化的任职结构。但由于本书主要集中于对省一级行政区划的分析，因此在官员职位和权力结构上，本章将集中讨论省级主官的兼职。

现有研究基本认为，省级兼任成为一种制度性安排肇始于1992年以来党政关系调整的政治实践，在此之前有零星的相关实践：1979—1983年，全国只有7例；1988—1993年，全国只有4例（何俊志，罗彬，2019）。而自1992年开始，采用省委书记兼任省人大常委会主任这一政治安排的省份开始持续增长，逐渐出现了兼任的普及化。有研究指出，1992年，中央在有关省（自治区、直辖市）选举的文件中首次明确提出省委书记与省人大常委会主任兼职的要求（邱雨，宋春娟，2016；何俊志，罗彬，2019；肖滨，卜熙，2020）。1997年党的十五大后，基于依法治国和提升人大地位的需要，我国形成党内权力与国家权力的对接模式（张书林，2013），地方党委书记兼任同级人大常委会主任的探索在实践中逐步推广。1998 年中共中央组织部要求省级人大常委会主任尽量安排省委书记兼任，从而为兼任制度的进一步发展奠定了基础（蔡定剑，2003）。2002 年开始的各省（自治区、直辖市）换届选举是一个重要的时间节点，党中央作出统一要求：“各省委书记除非兼任政治局委员，一般应被推荐为本省人大常委会主任的候选人。”（张书林，2013）于是，党的十六大后的地方人大换届中，地方党委书记兼任同级人大常委会主任的模式开始普及。经过多年的发展，这种模式在我国政治领域内逐渐发展成为主流模式，并沉淀为一种政治权力架构的制度惯例。特殊情形出现在 4 个直辖市以及广东、新疆、西藏这几个地方。除西藏外，其余 6 个省、自治区和直辖市党委书记一般均为中央政治局委员。为清晰地展现省级兼任制度的变迁，笔者就 31 个省、自治区和直辖市在 1996—2017 年间的兼任情况进行了数据统计（见表 5-1）。由于衡量方式和时间节点选择的差异，兼任数量在不同学者的研究中可能不同。在本书中，笔者以省委书记兼任省人大常委会主任为基础进行衡量，即在当年 1 月，一省的省委书记兼任同级人大常委会主任则将变量操作化为“兼任”，否则则为“不兼任”，这种做法在文献里较为多见。图 5-3 显示了 1996—2017 年间各省的省委书记兼任省人大常委会主任数量变化趋势。可以看出，20世纪90年代，省级兼任仍然是小规模存在的现象。在2002年党中央作出统一规定后，兼任数量剧增，并且基本维持较为稳定的水平。

表5-1　省委书记兼任省人大常委会主任省区分布变化（1996—2017年）

年份	兼任省份	数量
1996	吉林、浙江、安徽、福建、山东、河南、广西	7
1997	内蒙古、吉林、浙江、山东、河南、广西	6
1998	天津、内蒙古、江西、河南、四川、贵州、陕西、青海、宁夏、吉林、黑龙江	11
1999	天津、内蒙古、黑龙江、湖南、吉林、四川、贵州、江西、陕西、青海、宁夏、海南	12
2000	天津、内蒙古、黑龙江、湖南、吉林、贵州、江西、陕西、青海、宁夏、海南	11
2001	天津、内蒙古、黑龙江、湖南、吉林、海南、江西、陕西、青海、宁夏	10
2002	天津、黑龙江、湖南、吉林、陕西、青海、宁夏、福建、江西、湖北、海南、广西	12
2003	天津、河北、山西、内蒙古、黑龙江、吉林、江苏、浙江、安徽、福建、江西、山东、河南、湖北、湖南、海南、广西、重庆、四川、贵州、云南、陕西、青海、宁夏	24
2004	天津、河北、山西、内蒙古、黑龙江、吉林、江苏、浙江、安徽、福建、江西、山东、河南、湖南、海南、广西、重庆、四川、贵州、云南、陕西、青海、宁夏	23
2005	河北、山西、内蒙古、辽宁、黑龙江、吉林、江苏、浙江、安徽、福建、江西、山东、河南、湖南、海南、广西、重庆、四川、贵州、云南、陕西、甘肃、青海、宁夏	24

（续表）

年份	兼任省份	数量
2006	河北、山西、内蒙古、辽宁、黑龙江、吉林、江苏、浙江、安徽、福建、江西、山东、河南、湖南、海南、广西、重庆、四川、贵州、云南、陕西、甘肃、青海、宁夏	24
2007	河北、山西、内蒙古、辽宁、黑龙江、江苏、浙江、安徽、福建、江西、山东、河南、湖南、海南、广西、重庆、四川、贵州、云南、陕西、甘肃、青海、宁夏	23
2008	河北、山西、内蒙古、辽宁、吉林、黑龙江、江苏、浙江、安徽、福建、江西、河南、湖北、湖南、海南、广西、四川、贵州、云南、陕西、甘肃、青海、宁夏	23
2009	河北、山西、内蒙古、辽宁、吉林、黑龙江、江苏、浙江、安徽、福建、江西、山东、河南、湖北、湖南、海南、广西、四川、贵州、云南、陕西、甘肃、青海、宁夏	24
2010	河北、山西、内蒙古、辽宁、吉林、黑龙江、江苏、浙江、安徽、福建、江西、山东、河南、湖北、湖南、海南、广西、四川、贵州、云南、陕西、甘肃、青海、宁夏	24
2011	河北、山西、内蒙古、辽宁、吉林、黑龙江、江苏、浙江、安徽、福建、江西、山东、河南、湖北、湖南、海南、广西、四川、贵州、云南、陕西、甘肃、青海、宁夏	24
2012	河北、山西、内蒙古、辽宁、吉林、黑龙江、江苏、浙江、安徽、福建、江西、山东、河南、湖北、湖南、海南、广西、四川、贵州、云南、陕西、甘肃、青海、宁夏	24
2013	河北、山西、内蒙古、辽宁、吉林、黑龙江、江苏、浙江、安徽、福建、江西、山东、河南、湖北、湖南、海南、广西、四川、贵州、云南、陕西、甘肃、青海、宁夏	24

（续表）

年份	兼任省份	数量
2014	河北、山西、内蒙古、辽宁、吉林、黑龙江、江苏、浙江、安徽、福建、山东、河南、湖北、湖南、海南、广西、四川、贵州、云南、陕西、甘肃、青海、宁夏	23
2015	河北、山西、内蒙古、辽宁、吉林、黑龙江、江苏、浙江、安徽、福建、山东、河南、湖北、湖南、海南、广西、四川、贵州、云南、陕西、甘肃、青海、宁夏	23
2016	河北、山西、内蒙古、辽宁、吉林、黑龙江、江苏、浙江、安徽、福建、山东、河南、湖北、湖南、海南、广西、四川、贵州、云南、陕西、甘肃、青海、宁夏	23
2017	河北、内蒙古、辽宁、吉林、黑龙江、江苏、浙江、安徽、福建、山东、河南、湖南、海南、广西、四川、贵州、云南、陕西、甘肃、青海、宁夏	21

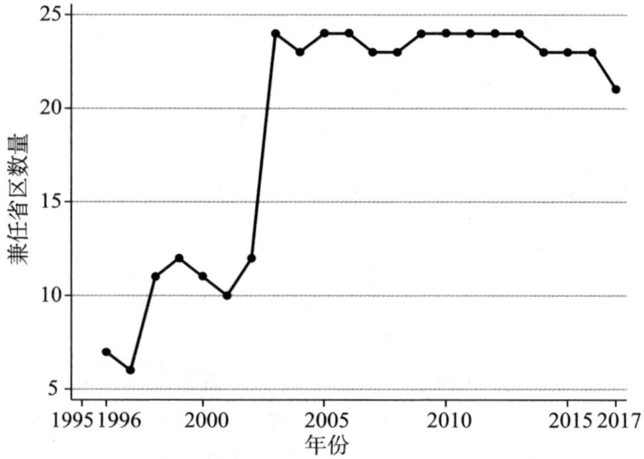

图 5-3　省委书记兼任数量变化趋势（1996—2017 年）

党委书记兼任人大常委会主任作为中国国家治理的一项重要政治实践，对其所产生的现实影响，学界有诸多探讨，但时至今日仍然没有定论。总体来看，现有研究对兼任制度的利弊分析基本可分为两类。第一类研究强调了党委书记兼任同级人大常委会主任之后，在政策过程、政治资源、立法机构职权等方面的制度优势。首先，党委书记兼任同级人大常委会主任这一制度实践可以加强党委序列和人大机关之间的信息沟通和交换。如陈琛的研究显示，兼任之后，党委书记由于工作需要，经常需要主持人大常委会主任会议和常委会，要根据各时期的中心工作和人民群众普遍关心的热点话题，组织人民代表和委员进行专题研究，专门调查和视察，促进科学决策（陈琛，2010）。肖滨、卜熙（2020）认为，兼任有利于解决组织之间信息不对称的问题。借助兼任者的双重身份，信息可以在两个组织之间畅通交换。与此同时，日常的频繁互动也能建构组织之间的认同感和忠诚感（Xia，1997）。

其次，兼任可以集中政治资源，使决策与执行更好地衔接。通过兼任两个组织的“一把手”，地方党委可以跨越制度壁垒协调政治行为，使整个政权系统能够协调有序，避免自相矛盾、相互僵持。在人大的日常工作中，兼任可以使得人大工作围绕党委工作目标和政策方向进行安排与布置，有利于人大工作紧跟形势、结合实际、贴近中心（陈琛，2010）。肖滨和卜熙（2020）指出，中国国家治理具有“党委决定，各方去办”的基本特点，但在政策执行过程中会存在偏差、走样等与党委决策不相符合的情况。党委书记兼任同级人大常委会主任可以在一定程度上改善决策与执行分离的状况，较好地避免“两张皮”的问题。

再次，兼任制度有利于党的权力合法化，加强党对人大工作的领导（中共海南省委组织部课题组，1994）。朱光磊（2010）认为，党的干部是否兼任国家机关的重要领导职务，与“党”“政”之间是“合一”还是“分开”没有必然联系。“党政合一”与“党政分开”的分水岭，是二者在职能上是否分开，而不是党政领导之间是否兼职。执政党的主要领袖出任国家元首、政府首脑、议会议长、内阁成员是当代各国政治生活中的普遍现象。郭定平（2009）认为兼任制度是一项有益探索和大胆实践，在提高人民代表大会地位、改善党的领导执政方式以及理顺执政党与国家政权关系方面有着创新意义。

最后，还有学者指出，党委书记兼任同级人大常委会主任可以减少领导干部职级数量。在我国的地方政治体系中，党委、人大、政府、政协四套机构通常构成一个完整的政治格局。2004 年 9 月中共十六届四中全会明确提出“适当扩大党政领导成员交叉任职，减少领导职数”。地方党委书记兼任同级人大常委会主任这一政治实践，从客观上减少了领导职位和工作人员配置（徐行，杨鹏飞，2014）。

第二类研究集中于对兼任制度弊端的分析，学者们的批评主要集中于对地方人大独立性的担忧。例如在监督权上，党委书记兼任同级人大常委会主任相当于混淆了监督的主体和客体，使人大不能对党委特别是党委“一把手”实施有效的监督和制约，使一些地区和部门的腐败现象难以得到有效遏制。人事任免权是地方党委的一项重要法定职权，面对党委向地方人大推荐的干部人选，人大可以依法同意或否决。都淦（2008）指出，党委书记兼任同级人大常委会主任会大大减少人大否决党委推荐干部的情况，这在一定程度上削弱了地方人大的人事任免权。此外，兼任制度的定型会使得官员经常面临多任务情境，造成角色混乱和工作负担过重的问题。毋庸置疑，兼任制度会加重省委书记的工作量，可能无暇兼顾人大工作 。陈琛（2010）指出，党委书记和人大常委会主任是地方最重要的两个领导职位，一身二任，繁重的工作可能会导致顾此失彼、注意力超载的情况。在实际运作中，过去人大常委会对职权范围内的事项可依法自主决定，而现在则要起草报告、形成文字后，提交党委由并不熟悉人大业务的党委秘书班子操作，再由身兼人大常委会主任的书记拍板定案，从而增加了工作流程，降低了工作效率。张书林（2013）认为，由于“一把手”政治是中国政治过程中的鲜明特色，地方党委书记作为“一把手”必然是事务异常繁重的。在党委书记兼任人大常委会主任的情势下，人大工作中的重要事务处理、会议召开甚至大事小情都要请示党委书记，都要党委书记出面主持或参加。党委书记要抓一个地方的全面工作以及进行重大决策，有时无法抽身去兼顾人大的工作。如此一来，人大的工作成效就会打折扣，严重时人大的正常工作也会受影响。

基于对过往研究的分析，笔者归纳出下述三个特点。其一，大多数研究是以政党政治、国家与社会关系为研究视角，对省级主官兼任制度进行分析与阐发，而公共政策意义上的兼任制度变迁仍然存在明显的研究空白。其二，现有研究主要的着眼点仍然是对省级主官兼职和分设制度的历史变迁过程的梳理，但对于这一政治实践所产生的影响缺乏有力度的、透彻的研究。在对兼任制度的优势和弊端的讨论与分析上，学者们各执一词，多应然式、思辨式讨论，少经验性、现实性分析。其三，兼任制度在不同政府层级存在差异，但既有研究仍需进一步推进。直到近来，一些讨论兼任制度具有层级差异性的学术研究开始出现（肖滨，卜熙，2020；邱雨，宋春娟，2016；何俊志，罗彬，2019），这些讨论不仅从更多维度提供了考察兼任制度的视角，也为进一步细化和深化研究兼任制度的变迁与发展提供了抓手。此外，在过往有关兼任制度的讨论中，学者们主要从两个抽象的层面探讨兼任制度的现实影响，一个是兼任前后官员工作量、信息量的变化，另一个则是兼任前后省级决策过程中权力的集中和分散程度。这两点正与本章的研究密切相关。

省级兼任制度作为一项政治实践，其变化也密切影响着政策过程和权力结构。在理解政治制度变化所产生的预算结果时，间断均衡理论提示我们，应当关注其对议程的影响和对决策过程中制度成本的影响。一方面，基于有限理性范式的间断均衡理论强调决策者本身受注意力瓶颈的限制，当面对大量涌入政策议程的信息时，决策者会出现信息处理和认知能力上的局限。政治体系发挥着对政策信号进行收集、组合、解释和排序的作用（Workman et al., 2009），在不同的制度结构之下，决策者面对的信息量和注意力瓶颈存在差异。布鲁尼格与科斯基（Breunig, Koski, 2009）研究了美国的州长与立法机关之间不同权力分配结构对预算间断的影响。结论显示，在那些正式制度设置下，州长相对于立法机构拥有更大的预算权力时，预算间断程度会随之增加。对此，他们的解释是，相比于更为深思熟虑、可以进行广泛辩论的立法机构，州长处于一个独立和相对一元的决策职位，这使得他们往往在议程设定阶段面临信息超载（information overloads）的情况。与此同时，权力更大的州长会在政策制定过程中减少其他参与者的影响，倾向于更加主导预算和政策过程，以牢固地掌控政策产出，由此产生了稳定的预算变化。然而，这种政策稳定使得实际政策与立法机关的偏好日益偏离，一旦发生政策变迁，将会是较大的政策间断性变化（Breunig, Koski, 2009）。龙一的研究也发现了来自工作负荷、信息处理能力方面的经验证据（Ryu, 2017）。通过对美国联邦管理与预算办公室（OMB）信息处理能力的研究，龙一发现，当联邦管理与预算办公室功能预算主管人员占整个联邦管理与预算办公室人员比例提高时，预算间断程度会随之降低，他将这一现象解释为官僚机构中信息处理能力提升的结果。可见，随着信息处理能力的提升，决策者受到认知局限和注意力瓶颈的影响将随之下降，政策和预算过程将呈现更为稳定、有序调整的状态，这通常意味着预算间断程度的下降。

从认知层面来看，省委书记兼任省人大常委会主任这种一人兼任两职的制度结构会显著影响官员的信息处理能力。如前所述，省委书记兼任省人大常委会主任可以加强党委序列和人大机关之间的信息沟通和交换（陈琛，2010；肖滨，卜熙，2020；Xia，1997）。换言之，兼任减少了信息不对称的问题，增强了信息处理能力，使得核心决策者更好地、更均匀地在各个议题上分配注意力，因此可以减少政策间断（Li，Feiock，2020）。相反地，省委书记与省人大常委会主任的分设会形成更激烈的对议程的竞逐，导致决策者注意力瓶颈的出现，因此会产生更为间断的政策变迁结果。

从制度层面来看，间断均衡理论认为，制度结构的变化影响着政策过程中各类与决策有关的成本的变化，不同的制度结构会引致不同程度的制度摩擦，进而对预算间断程度产生影响。有关兼任制度的另一个影响主要来源于省委书记一人兼任两职后所导致的预算权力和制度结构的变化。省委书记兼任省人大常委会主任这一政治实践，其本质特征是实现了决策权力的相对集中，一定程度上消解了决策过程中的制度摩擦与政治冲突。中国国家治理具有“党委决定，各方去办”的特点（肖滨，卜熙，2020），党委书记兼任人大常委会主任可以在一定程度上改善决策与执行分离的状况。兼任制度还有助于协调政策行动、避免矛盾冲突（陈琛，2010）。周雪光等（2020）提出，如果从人事制度的视角来认识党政关系，那么可以观察到兼职带来了政策稳定性和官员经验的汇集。兼任制度增强了机构间的协调行动，减少了由于多元参与者进入政策议程而产生的政治分歧，从这个意义上说，兼任制度降低了决策过程中的制度摩擦，如图 5-4 所示。

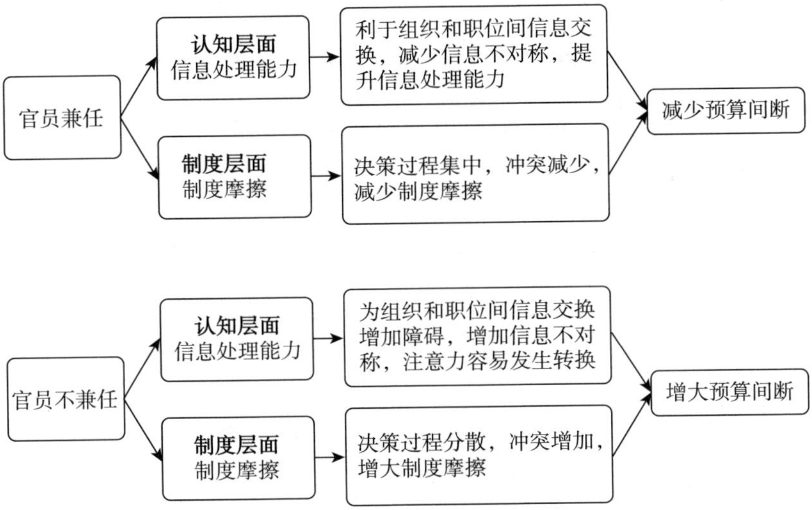

图 5-4　兼任制度分析框架

据此可以初步假设：

H_4：兼任制度会降低辖区预算间断程度。

5.5 小结

在理解和解释中国政策与预算过程的研究领域中，地方官员作为一类观测对象，不断引发着学者们的研究兴趣。中国具有独特的干部人事管理制度，有关中国党政关系和干部人事制度的特色政治实践，还有待研究者们依托中国具体国情，进行深入研究和阐释。过往研究集中于讨论地方官员，特别是省级主官如省委书记、省长、常务副省长等在政策过程、财政支出、地方治理等议题上的作用，基本形成了一条较为鲜明的研究进路。既有研究普遍显示，地方官员有能力，也能激励影响政策过程和预算结果。在能力方面，由于我国实行财政分权制度，地方尤其是省级政府，对辖区内的事务有较大的议程设置权、管辖权以及财政自主权。与此同时，地方党政领导权力也较为集中，所以他们对当地的预算过程有着强大的影响力（杨良松，庞保庆，2014）。在激励方面，理解地方官员影响政策过程需要从中国的干部人事管理体制入手。我国实行“下管一级”的干部选拔体制，干部晋升成为“强激励”影响着地方官员的治理行为。

基于此，本章试图在中国的省级政策过程之中，基于间断均衡理论，提出一个分析预算间断影响因素的理论框架。除对官员晋升激励和任职流动进行分析以外，笔者特别关注了省级兼任制度的变迁与影响，并且将其作为对预算间断进行解释的核心假设之一。这是由于：一方面，政策过程视角下的党政关系研究在相关领域中仍然是一个黑箱，除了应然式的描述和思辨之外，我们需要更多经验性的证据来了解以兼任制度为例的一系列中国国家治理中的政治实践具有什么样的政策含义。另一方面，根据间断均衡理论对有限理性和制度结构的强调，兼任制度在上述两个方面对决策者和决策过程产生的影响恰好成为一个适当的研究对象。本章的第四个假设，即兼任制度会带来省级预算间断程度的下降，则需进一步的实证检验。此外，笔者还考虑了诸如官员任期，个人特征如年龄、性别、民族、受教育程度等，以及包括地方经济社会特征在内的解释变量对地方预算间断程度的影响，进一步的回归模型检验将在下一章继续展开。

第 6 章　预算间断与省级官员：实证结果

6.1　数据与方法

6.1.1　变量选择与测量

笔者在上一章中提出了基于省级预算过程对预算间断进行解释的多项研究假设。本章主要针对这些研究假设设计实证检验的变量和模型，并采用多元回归分析进行实证检验和稳健性检验。表 6-1 显示了本章的变量设置、测量方法与数据来源。在变量设置上，本章的因变量构造遵循间断均衡预算研究的普遍做法，即从分布的意义上来定义预算间断。通过计算各省份每年度功能分类预算支出的年度变化率即预算“变化分数”，并据此计算第四阶线性矩，我们可以获得因变量。与各省份预算有关的所有数据均来源于《中国财政年鉴》。由于 2017 年后各省份陆续开始地方政府换届，任职流动和兼任情况产生一定异常波动，为保留完整任期并且提升数据分析的可靠性，笔者在本章实证部分选取的所有数据均为1996—2017年间的数据。

表6-1 变量测量

变量	测量
因变量	
预算间断	各省功能分类的预算支出年度变化率，取第四阶线性矩，取值越大，表示预算间断程度越高
官员晋升	
晋升激励	官员当年的实际年龄
官员任职流动	
中央任职年份数	官员担任省委书记职务前在中央机关的工作年份数
省级任职年份数	官员担任省委书记职务前在本省省级机关工作年份数
省内任职年份数	官员担任省委书记职务前在本省内任职年份数（除省级机关工作外）
官员任期	官员担任省委书记职务的年份数
官员任期平方项	官员担任省委书记职务的年份数的平方
官员兼任	
兼任制度	当年省委书记和省人大常委会主任由一人兼任（取值为1，否则为0）
个体控制变量	
性别	女性=1，否则=0
民族	汉族=0，否则=1
受教育程度	第一学历为本科及以上=1，否则=0
地区经济社会特征	
失业率	一省份上年度失业率
贸易依存度	一省份上年进出口额（经营单位所在地）占GDP比重

（续表）

变量	测量
财政依存度	一省份上年财政支出/财政收入的比重
总抚养比	一省份上年 0-14 岁人口与 65 岁以上人口占劳动人口的比例
人口规模	一省上年年末常住人口的对数值
人大预算监督	一般公共预算中其他支出占一般公共预算支出的比重

在解释变量的构造上，笔者分三个维度进行讨论。其一，本书考虑官员晋升激励对省级预算间断的影响。有关中国官员晋升的文献一般认为，年龄显著影响官员晋升概率（周黎安，2007；朱旭峰，张友浪，2015；Kou，Tsai，2014；Xi et al.，2018），从而影响官员的决策动机和政绩表现。一般而言，官员晋升存在年龄“天花板”效应（Kou，Tsai，2014），较年轻的官员往往具有更高的晋升概率，因此也有着更强的晋升激励。据此，本书使用省级官员在当年的实际年龄来测量其晋升激励。为控制其他来自官员个人特征对预算间断的影响，本书还进一步控制了省级官员的性别、民族以及受教育程度。所有官员数据均来源于北京大学国家发展研究院 CCER 中国官员数据库。

其二，本书考虑官员流动对省级预算间断的影响。前述假设试图验证省级官员的任职经历会影响预算间断。本书分别设置中央任职年份数、省级任职年份数、省内任职年份数三个变量，衡量省级官员的任职经历。官员任职经历变量是对省委书记工作经历的衡量，这是基于中国特有的干部交流任职制度出现的。为了培养和选拔干部，中国的官员往往会在多个不同的岗位上历练，并且逐级晋升。笔者根据政治层级（中央与地方）和岗位差异，将省委书记在担任这一岗位之前，可能出现的工作经历细分为：(1) 在中央和国家机关任职；(2) 在省级机关任职；(3) 在省内其他岗位任职。其中，在中央和国家机关任职表示干部曾在中央层面党政机构中工作，有过此种工作经历的干部会更倾向于执行中央政策（杨良松，庞保庆，2014）。在中国的政策过程中，因为中央要对地方实现有效治理，需要从中央派出官吏以实现中央的治理目标，这可以视为一种政治控制的手段。在省级机关任职表示干部曾有在省一级党政机构的工作经历。在省级机构工作中获得的“本地知识”让干部更理解省级政策过程的运转和预算的制定。在省内其他岗位任职，也就是不在省级机关和省级机关所在市、县（区），而是在省内其他地区和市级层面工作。这会让干部具有更多来自基层和省内其他城市的工作经验。将工作经历这一变量划分为三类的原因如下：首先，既有研究指出，干部工作经历会产生实际的政策效果（杨良松，庞保庆，2014；姚洋等，2020），本书则进一步检验干部工作经历的差异对预算变迁的影响。其次，由于中国的官员会在党政机关之间轮转交流，因此划分的依据主要是政治层级（中央与地方）和岗位差异，在不同机构的任职和流动包括同一级别的党和政府机关。此外，本章使用省级官员担任省委书记职务的年份数衡量官员的实际任期。从表 6-2 的描述性统计结果来看，这一变量取值范围从 1 年至 17 年不等。为捕捉任期变量可能存在的非线性影响，笔者进一步加入省级官员任期的平方项。

表 6-2 描述性统计结果

变量	观测值	均值	标准误	最小值	最大值
预算间断	632	0.307	0.189	-0.251	0.995
晋升激励	650	59.75	4.130	47	70
中央任职年份数	650	5.898	8.551	0	31
省级任职年份数	650	4.585	7.510	0	31
省内任职年份数	650	8.571	9.518	0	32
任期	650	4.822	2.586	1	17
任期平方项	650	29.93	34.63	1	289
兼任制度	650	0.612	0.488	0	1
性别	650	0.008	0.087	0	1
民族	650	0.945	0.229	0	1
受教育程度	650	0.632	0.483	0	1
失业率	608	3.451	0.863	0.600	7.400
贸易依存度	618	0.300	0.379	0.032	1.722
财政依存度	650	2.497	2.242	0.893	18.860
总抚养比	619	0.398	0.082	0.193	0.655
人口规模	650	17.260	0.881	14.690	18.550
人大预算监督	649	0.057	0.044	0.001	0.414

其三，本书考虑预算过程中的兼任制度对预算间断的影响。依据前文的分析，本章使用当年省委书记和省人大常委会

主任是否由一人兼任进行衡量。具体而言，若当年该省的省委书记兼任省人大常委会主任，则该变量取值为1，否则为0。本章所使用的地方官员数据均来源于北京大学国家发展研究院数据库（姚洋等，2020）。

除了上述我们感兴趣的核心变量之外，预算的变化还与宏观经济形势、财政状况和人口因素密切相关。因此，对于一省内部可能影响预算间断的经济社会特征，笔者在此也加以控制。笔者分别设置失业率、贸易依存度、财政依存度作为对经济水平的衡量。具体而言，对于宏观经济变动，笔者使用一省上年度失业率衡量经济发展态势，使用一省上年度贸易依存度衡量对外开放程度。财政依存度使用财政支出比财政收入的方式进行计算，以反映一省财政自主状况，以及可能获得的转移支付水平。在社会发展水平方面，笔者使用总抚养比反映一省的社会负担抚养水平。总抚养比指0—14岁人口与65岁以上人口占劳动人口的比重，相关数据来源于《中国人口和就业统计年鉴》。笔者还控制了人口规模，使用一省上年年末常住人口的对数值进行衡量。上述经济社会数据除特别说明外均源自国家统计局网站。此外，一些研究指出各省预算过程中的人大监督程度存在差异（李一花等，2019；张树剑，2011），可能会造成各地政府债务等方面的差异。参考现有研究的做法，本书使用功能分类预算中其他支出占一般公共预算支出的比重对省级人大对于政府预算的监督程度进行控制（李一花等，2019）。

6.1.2 回归模型及估计方法

依据本书前述理论框架与研究假设，笔者建立如下回归模型：

$$\mathrm{LKS}_{i,t}=\alpha+\beta_1 A_{i,t}+\beta_2 Cp_{i,t}+\beta_3 P'p_{i,t}+\beta_4 Pp_{i,t}+\beta_5 T_{i,t}+\beta_6 T^2_{i,t}+\beta_7 I_{i,t}+X_{i,t-1}+e_{i,t}$$

其中，$\mathrm{LKS}_{i,t}$表示预算间断的第四阶线性矩。$A_{i,t}$表示省委书记的实际年龄，$T_{i,t}$为省委书记任期，$T^2_{i,t}$为其平方项。$Cp_{i,t}$、$Pp_{i,t}$以及$P'p_{i,t}$分别表示省委书记在中央、省级以及省内机关的任职年份数。$I_{i,t}$表示来自兼任制度的影响。$X_{i,t-1}$是控制变量的向量，$e_{i,t}$表示误差项。

在实证分析中，需要控制来自官员个体、省份、时间的固定效应对模型的影响，常见的二维固定效应模型难以满足本书的需求。因此笔者在 Stata 14 程序中，采用多维面板固定效应估计的回归方法。

6.2 回归结果

表 6-3 中的模型（1）和模型（2）显示的是有关官员晋升激励的回归结果。可以看出，省委书记年龄与一省预算间断程度正相关。这意味着，省委书记年龄越大，省级预算过程中经历的预算变化就越剧烈。而在加入官员个人特征如性别、民族

以及受教育程度的控制变量后，年龄对预算间断的影响仍然显著为正，而其他个人特征则对预算间断的影响并不显著。这一回归结果证实了前面的研究假设 H_1，也就是说，官员年龄越小，晋升激励越强，其辖区内的预算间断也越少。根据预算间断均衡理论与前面的分析，由于存在晋升激励，官员会提升信息处理能力和主导预算过程，进而减少制度摩擦。

表 6-3　回归结果

因变量：预算间断	模型（1）	模型（2）	模型（3）	模型（4）	模型（5）	模型（6）
晋升激励	0.004**	0.005***		0.005**		0.004**
	(0.002)	(0.002)		(0.002)		(0.002)
中央任职年份数			-0.001	-0.001		-0.001
			(0.001)	(0.001)		(0.001)
省级任职年份数			-0.002*	-0.003**		-0.003**
			(0.001)	(0.001)		(0.001)
省内任职年份数			0.000	0.000		0.001
			(0.001)	(0.001)		(0.001)
任期			0.015	0.010		0.013
			(0.010)	(0.010)		(0.009)
任期的平方项			-0.001	-0.001		-0.001
			(0.001)	(0.001)		(0.001)
兼任制度					-0.033*	-0.037*
					(0.019)	(0.019)
性别		-0.053		-0.071		-0.072
		(0.067)		(0.077)		(0.078)

（续表）

因变量：预算间断	模型（1）	模型（2）	模型（3）	模型（4）	模型（5）	模型（6）
民族		0.041		0.037		0.035
		（0.036）		（0.040）		（0.039）
受教育程度		0.008		0.003		0.000
		（0.018）		（0.017）		（0.018）
失业率	-0.009	-0.008	-0.008	-0.008	-0.010	-0.009
	（0.012）	（0.012）	（0.011）	（0.011）	（0.012）	（0.011）
贸易依存度	0.146**	0.133**	0.177***	0.154**	0.159***	0.153**
	（0.054）	（0.056）	（0.062）	（0.059）	（0.056）	（0.058）
财政依存度	0.028**	0.029**	0.033***	0.031**	0.031**	0.032**
	（0.012）	（0.012）	（0.012）	（0.012）	（0.011）	（0.012）
总抚养比	0.514	0.510	0.480	0.483	0.460	0.464
	（0.299）	（0.297）	（0.293）	（0.297）	（0.297）	（0.299）
人口规模	0.045	0.050	0.085	0.053	0.042	0.010
	（0.102）	（0.114）	（0.106）	（0.111）	（0.105）	（0.111）
人大预算监督	-0.279	-0.298	-0.236	-0.318	-0.288	-0.370
	（0.506）	（0.516）	（0.520）	（0.540）	（0.506）	（0.538）
观测值	591	591	591	591	591	591
R-squared	0.234	0.236	0.238	0.245	0.230	0.247
个体控制变量	No	Yes	No	Yes	No	Yes
省内控制变量	Yes	Yes	Yes	Yes	Yes	Yes
省份固定效应	Yes	Yes	Yes	Yes	Yes	Yes
年份固定效应	Yes	Yes	Yes	Yes	Yes	Yes

注：括号内系数为标准误。***、**和*分别表示相关系数通过0.01、0.05和0.10水平的显著性检验。

模型（3）和模型（4）是有关官员任职流动的回归结果。在控制省内影响因素后，省委书记在该省省级机构的任职经历会显著降低其任期内的预算间断程度，当进一步加入省委书记个人特征的控制变量后，这一效应仍然显著，即假设 H_2 得到证实而任期和中央、省内的任职经历对预算间断的影响并不显著，假设 H_3 并未获得证据支持。假设 H_2 的证实体现了预算间断理论的有效性：来自省级机构任职的省委书记，具有更多的有关省级预算过程和政策过程的信息优势，这将对其在认知层面更好地处理政策信息提供帮助，也不致使其进一步增大政策过程中的制度摩擦，因而减弱了预算间断。

表 6-3 中的模型（5）和模型（6）是将兼任制度纳入模型后的回归结果。这一结果显示，当省委书记兼任省人大常委会主任时，会带来省委书记的制度性权力增大，进而降低省级预算间断程度的政策效果。在模型（6）中，笔者进一步控制了来自官员流动和官员个人特征的影响，发现来自兼任制度的影响仍然显著为负。假设 H_4 得到证实。

表 6-3 的所有回归均对省内经济社会特征进行了控制。研究显示，财政依存和贸易依存大大增加了预算间断的程度，而来自人口规模、总抚养比、失业率以及人大预算监督的影响均不显著。辖区内的开放程度越高，就越有可能出现预算间断。这表明，区域开放程度将影响财政支出结构，出口导向型经济的省份将受到更多的宏观经济影响。此外，财政依存程度越

高，则财政自主率越低，表明辖区内财政资源紧张，难以平均分配，更容易出现预算间断。本部分仅报告了初步实证研究结果，后续将通过进一步的稳健性检验对回归结果进行评估。

6.3 稳健性检验

6.3.1 稳健性检验策略

在获得初步回归结果之后，我们还应该考虑评估回归结果的稳健性。常用的稳健性检验的方法包括变量替换法、改变样本容量法、分样本回归法、补充变量法等。综合考虑，本书采用如表 6-4 展示的稳健性检验策略对回归结果的有效性进行进一步的研究。在检验一中，笔者替换了因变量的测算方法进行稳健性检验。在间断均衡理论视角下的预算研究中，核心是对预算间断均衡程度的测量。从过往研究来看，学者们基本采取两种测量方法（Jones et al., 1998; Jones et al., 2009; Baumgartner et al., 2014）。一种方法是基于功能分类预算支出科目的实际金额（剔除通货膨胀）计算年度“变化分数”，并使用 Stata 14 进一步计算出第四阶线性矩，作为对因变量预算间断均衡的基本测度。另一种方法与此类似但运算基础存在差异。这种方法以功能分类预算支出科目的金额占预算支出总额的比重为基础计算年度“变化分数”（Chan, Zhao, 2016），进而据此计算第四阶线性矩。前面对预算间断均衡的测量，笔者均采用第一种方法，主要的考虑是真实金额的变动更容易捕捉，而特定预算科目占财政支出的变化率往往在较长时期内处于稳定状态。其实，两种方法均可以作为计算的方式（Jones, Baungarther, 2005）。在稳健性检验中，因此，笔者使用第二种计算方法作为对因变量的替代性衡量。

表 6-4　稳健性检验策略

检验	方法
检验一：替换因变量测算方法	使用各省每年功能分类支出决算数占财政支出比例计算“变化分数”，并取第四阶线性矩计算预算间断值
检验二：替换核心自变量测算	使用官员实际年龄与晋升“年龄天花板”（67 岁）之间的年龄差距衡量晋升激励

在检验二中，笔者采用替换核心自变量构建的方式，对理论假设进行稳健性检验。此前，笔者使用了省委书记的个人特征、任期和来源作为对省级官员的测量指标，并对相关假设进行了回归。对于晋升激励变量的构建，是以省委书记在当年的实际年龄为测量标准。然而，关于官员年龄与晋升激励之间的讨论仍存在分歧。一些学者指出，由于“年龄天花板”的存在，官员在实际年龄越接近一定级别的“年龄天花板”时，晋升激励反而越强，存在“冲刺效应”。本章关注的省部级官员，其晋升“年龄天花板”一般为 67 岁（Kou, Tsai, 2014），依据上述逻辑可以提出假设：官员实际年龄与 67 岁之差（年龄差

距）与辖区内预算间断程度呈正相关。针对这一考虑，在稳健性检验中，笔者使用年龄差距来构建自变量晋升激励。表 6-6 展示了稳健性检验二中发生变化的相关变量及回归结果。

6.3.2 稳健性检验一

表 6-5 为替换因变量后的回归结果。模型（1）—模型（4）分别为控制省委书记个人特征后对晋升激励的回归以及对官员任职流动的检验。结果显示，官员晋升激励、任期和官员任职经历对预算间断的影响并不显著。但在官员特征中，女性省委书记的任职会显著降低一省的预算间断，这一结果有待进一步的研究与解释。模型（5）和模型（6）检验了省级预算过程模型下官员兼任职位的影响。从回归结果来看，省委书记兼任省人大常委会主任后，其制度性预算权力会增大，由此产生预算间断显著降低的效果，尽管这一结果在未控制省委书记个人特征、任期和任职经历时并不显著。同样地，与此前本书的发现类似，财政依存度和贸易依存度都有增大预算间断的实际效果，其余省内经济社会变量的影响不显著。通过稳健性检验，笔者发现研究假设 H_1、H_2 和 H_3 在替换因变量的计算方法后并不显著，而假设 H_4 基本符合理论预期。笔者认为，这与因变量的计算方式密切相关。使用以预算功能分类科目占预算支出的比重为基础计算预算“变化分数”和 LKurtosis 值的这种做法，并不能很好地捕捉预算的动态变化。原因在于，真实金额

的变动往往比占比变动更为直观。因此，应当警惕因变量不同的操作方法导致的结果不一致，笔者仍然主张遵循既有大多数研究的计算方法，维持对研究结论评估在方法论上的基本一致性。

表 6-5　稳健性检验结果

因变量：预算间断	模型(1)	模型(2)	模型(3)	模型(4)	模型(5)	模型(6)
晋升激励	0.002	0.002		0.001		0.001
	(0.002)	(0.002)		(0.002)		(0.002)
中央任职年份数			0.001	0.001		0.001
			(0.001)	(0.001)		(0.001)
省级任职年份数			0.001	0.000		0.000
			(0.001)	(0.001)		(0.001)
省内任职年份数			-0.001	-0.001		-0.001
			(0.001)	(0.001)		(0.001)
任期			0.017	0.015		0.018
			(0.013)	(0.014)		(0.013)
任期平方项			-0.001	-0.001		-0.001
			(0.001)	(0.001)		(0.001)
兼任制度					-0.029	-0.038*
					(0.019)	(0.022)
性别		-0.165***		-0.156**		-0.156**
		(0.060)		(0.065)		(0.067)
民族		0.043		0.033		0.031
		(0.043)		(0.045)		(0.043)

（续表）

因变量：预算间断	模型（1）	模型（2）	模型（3）	模型（4）	模型（5）	模型（6）
受教育程度		-0.011		-0.012		-0.015
		（0.015）		（0.015）		（0.017）
失业率	0.017	0.018	0.019	0.020	0.015	0.019
	（0.016）	（0.016）	（0.016）	（0.016）	（0.016）	（0.017）
贸易依存度	0.189*	0.167*	0.197**	0.180**	0.194*	0.179**
	（0.094）	（0.083）	（0.092）	（0.082）	（0.098）	（0.083）
财政依存度	0.028*	0.027	0.030*	0.028	0.030*	0.028
	（0.017）	（0.017）	（0.017）	（0.018）	（0.016）	（0.017）
总抚养比	0.107	0.145	0.094	0.125	0.071	0.107
	（0.367）	（0.363）	（0.344）	（0.347）	（0.357）	（0.337）
人口规模	0.079	0.105	0.108	0.124	0.058	0.080
	（0.140）	（0.130）	（0.131）	（0.130）	（0.146）	（0.135）
人大预算监督	0.310	0.285	0.359	0.329	0.285	0.275
	（0.536）	（0.522）	（0.517）	（0.511）	（0.538）	（0.516）
观测值	591	591	591	591	591	591
R-squared	0.419	0.423	0.423	0.427	0.419	0.428
个体控制变量	No	Yes	No	Yes	No	Yes
省内控制变量	Yes	Yes	Yes	Yes	Yes	Yes
省份固定效应	Yes	Yes	Yes	Yes	Yes	Yes
年份固定效应	Yes	Yes	Yes	Yes	Yes	Yes

注：括号内系数为标准误。***、**和*分别表示相关系数通过0.01、0.05和0.10水平的显著性检验。

6.3.3 稳健性检验二

表 6-6 为替换自变量测算方式后的回归结果。由模型（1）结果可知，省委书记年龄差距与辖区内预算间断程度显著负相关，这意味着，当省委书记年龄越小时，即年龄差距越大，此时辖区内预算间断程度越低。这一稳健性检验结果与本研究的实证结果保持一致，即证实了较年轻的官员拥有更强的晋升激励，其任内辖区的预算间断程度越低。这一结果也验证了前述提出的“冲刺效应”并不成立。当模型（2）进一步加入官员个人控制变量后，晋升激励对预算间断的影响仍然显著且保持不变。据此可知，假设 H_1 是稳健的，这与官员在晋升激励下，具有增强信息处理能力和主导预算过程的动力进而减少制度摩擦密切相关。

表 6-6 稳健性检验结果

因变量：预算间断	模型（1）	模型（2）	模型（3）	模型（4）	模型（5）	模型（6）
晋升激励	-0.009**	-0.009**		-0.011**		-0.011**
	(0.004)	(0.004)		(0.005)		(0.005)
晋升激励平方项	0.000	0.000		0.001		0.001
	(0.000)	(0.000)		(0.000)		(0.000)
中央任职年份数			-0.001	-0.001		-0.001
			(0.001)	(0.001)		(0.001)
省级任职年份数			-0.002*	-0.003**		-0.003**
			(0.001)	(0.002)		(0.001)

（续表）

因变量：预算间断	模型（1）	模型（2）	模型（3）	模型（4）	模型（5）	模型（6）
省内任职年份数			0.000	0.000		0.001
			(0.001)	(0.001)		(0.001)
任期			0.015	0.011		0.013
			(0.010)	(0.010)		(0.009)
任期平方项			-0.001	-0.001		-0.001
			(0.001)	(0.001)		(0.001)
兼任制度					-0.033*	-0.036*
					(0.019)	(0.019)
性别		-0.049		-0.071		-0.072
		(0.066)		(0.076)		(0.078)
民族		0.040		0.032		0.031
		(0.037)		(0.041)		(0.040)
受教育程度		0.007		0.002		-0.001
		(0.019)		(0.018)		(0.018)
失业率	-0.011	-0.010	-0.008	-0.010	-0.011	-0.011
	(0.012)	(0.012)	(0.011)	(0.011)	(0.012)	(0.011)
贸易依存度	0.138**	0.126**	0.179***	0.149**	0.161***	0.148**
	(0.056)	(0.058)	(0.062)	(0.058)	(0.056)	(0.058)
财政依存度	0.028**	0.029**	0.033***	0.031**	0.031**	0.032***
	(0.012)	(0.012)	(0.012)	(0.012)	(0.011)	(0.011)
总抚养比	0.490	0.489	0.468	0.438	0.450	0.421
	(0.296)	(0.295)	(0.295)	(0.294)	(0.298)	(0.296)
人口规模	0.013	0.019	0.081	0.007	0.038	-0.034
	(0.107)	(0.119)	(0.106)	(0.112)	(0.104)	(0.112)

（续表）

因变量：预算间断	模型（1）	模型（2）	模型（3）	模型（4）	模型（5）	模型（6）
人大预算监督	-0.200	-0.222	-0.228	-0.239	-0.282	-0.292
	(0.518)	(0.533)	(0.520)	(0.544)	(0.506)	(0.541)
观测值	592	592	592	592	592	592
R-squared	0.236	0.238	0.237	0.248	0.230	0.250
个体控制变量	No	Yes	No	Yes	No	Yes
省内控制变量	Yes	Yes	Yes	Yes	Yes	Yes
省份固定效应	Yes	Yes	Yes	Yes	Yes	Yes
年份固定效应	Yes	Yes	Yes	Yes	Yes	Yes

注：括号内系数为标准误。***、**和*分别表示相关系数通过0.01、0.05和0.10水平的显著性检验。

模型（3）和（4）对任职流动的检验结果与前文保持一致，也即在控制省内影响因素后，省委书记在该省省级机构的任职经历会显著降低其任内的预算间断程度。当进一步加入省委书记个人特征的控制变量后，这一效应仍然显著，而来自中央和省内其他地方的任职经历对预算间断的影响并不显著。前述假设 H_2 是稳健的：具有省级机构任职经历的省委书记具有更多的有关省级预算过程和政策过程的信息优势，这对其在认知层面更好地处理政策信息有所帮助，信息优势也有助于减缓制度摩擦，因而减弱了预算间断。有关省委书记任期的假设 H_3 依然没有得到支持，相关回归结果并不显著。模型（5）表明，干部兼任制度显著降低了辖区内预算间断程度。模型（6）对所有变量进行回归，上述回归结果仍然显著且保持不变。综上所述，本章的回归结果具有稳健性。

事实上，对于省委书记等省部级干部的晋升，“年龄天花板”一般是 67 岁。有学者发现，一旦年满 67 岁，干部将没有资格晋升为副国级或正国级干部（Kou，Tsai，2014）。一旦干部达到其级别的年龄上限，他们将被要求留任现职直至退休。本书的数据主要集中观测省委书记。官员担任省委书记后继续晋升的难度较大，到龄后转岗是年龄偏大的省委书记的主要去向，比如进入政协和人大继续工作或等待退休。因此，“年龄天花板”的存在有利于年轻干部晋升：年龄越小的省委书记，晋升的概率越大，晋升激励越强；年龄越大的省委书记，可能更趋于保守、求稳。相关研究发现，省委书记和省长的年龄对于他们的晋升有着显著影响（杨良松，庞保庆，2014；周黎安，2007；姚洋等，2020）。杨良松和庞保庆指出，省部级官员一般在年满 65 周岁后被强制退休，所以越是年轻的官员，其晋升概率就越高，晋升激励也越强；而年龄较大的官员的晋升激励会较弱（杨良松，庞保庆，2014）。不同年龄官员的晋升激励不同，对财政支出的态度一般来说也有所不同。结合稳健性检验结果，可以得出结论，省委书记的年龄越小，晋升激励越强。

6.4 小结

本章使用多维面板固定效应的回归方法，对第五章建立的理论假设进行了实证检验。在因变量方面，笔者使用预算“变化分数”的第四阶线性矩作为衡量预算间断程度的变量。在自变量方面，笔者分别构造了官员晋升激励、任职流动和兼任制度三组影响因素，以探究前述理论假设。在基准回归模型的检验中可以看出，省委书记年龄与一省预算间断程度正相关。这意味着，省委书记晋升激励越强，省级预算过程中经历的较大的预算变化就越少。而其他官员个人特征如性别、民族以及受教育程度，对预算间断的影响并不显著。对官员任职流动的回归结果显示，在省级机关任职年份数较多的省委书记，其辖区内当年的预算间断会显著降低。此外，我们使用省委书记是否兼任同级人大常委会主任作为刻画兼任情况的变量。结果显示，当省委书记兼任省人大常委会主任时，会产生显著降低一省预算间断程度的制度效应。这意味着，省委书记兼任省人大常委会主任会使省委书记的制度性权力增大，一方面增强了省委书记的信息处理能力，另一方面通过协调机构、减少政治决策中的制度摩擦，使得预算间断程度得以降低。在一省内部的经济社会特征因素中，财政依存度会极大地增加一省当年的预算间断程度，也就是说，一个省级地方政府越不能在财政上“自给自足”，其预算变化中越会出现更大比例的预算剧烈调整。贸易依存度也是影响一省预算间断的因素。上述研究结论与我们最初的研究假设相吻合。

为保证回归结果的稳健性，笔者进一步设计了稳健性检验。在检验一中，笔者替换了因变量的测算方法。从回归结果来看，兼任制度带来的影响仍然存在，省委书记兼任省人大常委会主任会产生预算间断显著降低的效果。然而其余回归结果并不显著，对此笔者在前面进行了解释。在检验二中，笔者采用替换核心自变量构建的方式，对理论假设进行稳健性检验。笔者将晋升激励变量的测算方法替换为使用“年龄天花板”效应临界值67岁与官员实际年龄之差，并加入平方项以捕捉可能存在的非线性关系。从回归结果来看，当控制省内经济社会因素和官员个人特征之后，年龄差距与辖区内预算间断程度显著负相关，这表明，较年轻的省委书记有更强的晋升激励，具有增强政策信息处理能力和主导预算过程能力，能减少制度摩擦，进而减少剧烈预算间断的出现。这一估计结果证明了本书提出的晋升激励通过注意力分配影响预算间断的机制是稳健的。总体来看，本章的回归结果是符合理论预期的。

第 7 章　结论与展望

7.1　研究结论

本书的主要研究问题是：间断均衡理论是一个描述预算过程的合适理论吗？它适用于中国不同层级的政府预算吗？如果是，哪些因素会对预算间断产生影响？为此，本书基于间断均衡理论的研究视角，对中国公共预算变迁的动态特征和影响因素进行了实证考察。本书的研究主要由三部分构成，并有相应的研究发现。第一，通过正态性检验、频率分布直方图等统计和图形的检验，我们获得了有关中央预算变迁及不同功能分类科目变迁的间断均衡特征。具体而言，在 1995—2006 年与 2007—2019 年两个时期中，中央预算均呈现间断均衡式的变迁特点，即存在大量围绕在均值附近的预算边际调整，也间或出现剧烈的预算变化打破这一均衡状态。此外，本书依据预算功能类型的划分研究了中央预算变迁中预算间断的差异。通过将中央预算支出按照政策目标和功能进行区分，本书研究了经济建设类支出、科教文卫类支出以及公共管理类支出三类预算的变迁特点及其差异，并分别使用中央预算功能分类支出中的相应科目来捕捉不同预算类型的变化。通过对全样本，以及1995—2006年与2007—2019年两个时期子样本的检验，本书发现，科教文卫类预算支出的间断程度最低，呈现更为稳定的变迁模式，经济建设类预算支出和公共管理类预算支出存在更多的剧烈变化，且公共管理类预算支出的间断程度更高。

第二，在本书第四章中，笔者对中国31个省级行政区预算间断均衡进行了全面检验。在1995—2006年与2007—2019年两个时期中，省级预算普遍呈现出预算间断均衡变迁的特点。在1995—2006年与2007—2019年两个时期中，省级预算间断程度均低于中央预算间断程度，这意味着各省内部的预算剧烈调整往往没有中央预算的剧烈调整多。此外，在1995—2019年跨越20多年的较长时期内，各省预算间断程度存在显著差异。这种差异体现在两个维度：其一，预算间断存在省际差异。笔者对不同省份的预算间断程度进行排序，在1995—2006年与2007—2019年两个时期中，以预算“变化分数”的第四阶线性矩衡量的各省预算间断程度存在显著差异。其二，省内不同时期的预算间断存在差异。笔者绘制了以预算“变化分数”的第四阶线性矩衡量的年度预算间断程度统计图，发现各省不同年份的预算间断存在差异。

第三，为进一步探究中国省级预算间断的影响因素，笔者在第五章中从地方官员晋升激励、任职流动和兼任制度三个维度进行理论分析提出相应研究假设，并在第六章进行实证检验。研究发现：(1) 官员晋升激励显著降低了预算间断程度。官员特征中，一般来说，省委书记年龄越大，晋升激励越弱。回归结果显示，省委书记年龄与一省预算间断程度正相关，也就是说，随着省委书记晋升激励的减弱，一省预算间断程度反而增大了。其他官员个人特征如性别、民族以及受教育程度，对预算间断的影响并不显著。(2) 省级官员任职流动存在降低预算间断程度的效应：具有省级部门任职经历的省委书记，会显著降低其辖区内部当年的预算间断，而这一效应在来自中央和省内任职的省委书记身上并不显著。(3) 当省委书记兼任职务，增大来自预算过程的制度性权力时，会产生降低省级预算间断程度的政策效果。(4) 在一省内部的经济社会因素中，贸易依存度和财政依存度会极大地增加一省当年的预算间断程度，来自人口规模、总抚养比、失业率以及人大预算监督的影响均不显著。上述结果经过稳健性检验，仍然与研究假设相符合。

7.2 讨论

基于上述对研究结果的总结和陈述，下面，笔者将进一步对本书所做研究工作的理论意涵、作用和意义进行讨论。

第一，正如鲍姆加特纳和琼斯所说，“当人们使用长远视角观察时……他们会为广泛的政策变化所震惊，这些变化是渐进和爆发式的统一”，“本书反对那种认为政府是‘紧身衣’的观点”（Baumgartner，Jones，1993）。渐进主义曾经是统治公共预算研究的主导性理论，然而却陷入预算和政策变迁的非渐进式变化“解释失灵”的理论困境。间断均衡理论视角下的公共预算研究为我们拓宽了研究视野，从关注那些预算变迁中的少数的剧烈变化入手，提供了一个“议程为基础”的解释视角。概括而言，本书的工作拓展了间断均衡理论。本书依据前沿的政策过程理论——间断均衡理论，对中国的公共预算变迁进行了实证检验。笔者从中央预算和省级预算两个研究层次，提供了预算间断均衡在中国存在的实证证据，提高了间断均衡理论的外部有效性，并且有助于厘清有关渐进主义预算变迁和间断均衡预算变迁的理论争论。选择中国作为研究对象的必要性在于，现有关于中国的研究囿于预算领域、研究对象和层次、数据时期以及研究方法等问题，并不能为我们提供一副清晰的研究图景。本书则从时间上和空间上进一步补充了有关中国预算间断均衡变迁的事实证据。

具体而言，在实证数据方面，本书的研究在研究对象的范围和研究的时期上拓展了既有研究。例如，陈君诺和赵爽（Chan，Zhao，2016）的研究涵盖了1995年至2013年28个省的预算支出数据，不包括4个直辖市（北京、上海、重庆、天津）；

李文钊等（2019）纳入了2007年至2019年中国31个省份的预算支出决算，但未对2007年以前的财政支出进行研究。相比于陈君诺和赵爽的研究（Chan，Zhao，2016），笔者的研究时间更长，研究对象更多样，涉及分税制改革后的预算变迁，并且处理了2007年预算收支科目分类改革带来的影响，涵盖了31个省、自治区、直辖市1995年至2019年的预算支出变动情况。此外，基于中国的现实国情，笔者将包括直辖市在内的31个省级行政单位（除港、澳、台外）一同纳入研究视野进行考察。在政府设置上，省内的层级包含省—市—县—乡（镇），而直辖市内的层级包含市—区—街道—乡（镇）。如果在刻画一副预算变迁的全面图景时将占有重要地位的直辖市排除在外，对一项研究来说是不完整、不足够的。

在预算科目的选择上，本书也针对过往研究有所完善。陈君诺和赵爽（Chan，Zhao，2016）未剔除国防预算，选取2007年前后共28个科目；李文钊等（2019）纳入了2007年预算支出分类改革后的所有科目。笔者选取1995—2006年的16项财政支出和2007—2019年的12项财政支出。最后，从计量方法来看，以往学者一般采用两种计量方法（Jones et al.，1998；Jones et al.，2009；Baumgartner et al.，2014）。其一是本书采用的基于功能分类的预算支出科目的实际金额（剔除通货膨胀因素），并计算年度变化分数。在此基础上，使用Stata 14进一步计算第四阶线性矩，作为因变量预算间断均衡的基本度量。另一种方法根据功能分类预算支出科目金额占预算支出总额的比例计算年度变化分值，然后在此基础上计算第四阶线性矩（Chan，Zhao，2016；李文钊等，2019）。琼斯和鲍姆加特纳认为，这两种方法都可以用作计算方法。笔者认为，实际金额的变化更容易捕捉，而且财政支出中具体预算项目的变化率往往在很长一段时间内保持稳定。对此，作为稳健性检验的对比设计，笔者使用第二种计量方法作为因变量的替代衡量方法，并且证明了本书估计结果的稳健性。

第二，本书从间断均衡理论提出的注意力为驱动的、议程为基础的预算模型出发，揭示了在中国干部人事体系和预算过程中注意力分配和制度摩擦与中国研究场景与治理机制的互动关系。本书第五章和第六章创新性地提出并检验了“官员晋升、交流和兼任—注意力分配与制度摩擦—预算间断均衡”的理论框架，为理解地方预算间断均衡变迁拓展了基于官员个体的新思路。本书认为，有限理性的官员受限于注意力瓶颈，在干部晋升、干部交流干部兼任和制度安排影响下，其信息处理能力会发生变化，通过影响制度摩擦进一步对预算间断产生影响。

本书的研究呼应了新制度主义出现以来对制度的关注，制度是形塑政策和预算过程的重要变量。在中国制度场景和政策过程中，官员选拔体系内在的激励结构和流动模式，以及对于政治权力分配进行调整的政治实践，都对作为政策产出的预算分配产生着显著影响。这些发现为我们理解预算间断的成因增添了新的思考维度，有助于我们理解晋升激励、任职流动和兼任制度如何从个体层面和组织层面对政策结果产生影响，进一步把握中国国家治理的制度密码。自新制度主义兴起以来，学者们呼吁“重新发现制度”，公共政策的研究也关注着制度的重要性。约翰·金登指出，“正如政治制度、社会制度以及经济制度对制度、宪法、程序、政府结构以及政府官员有影响一样，制度、宪法、程序、政府结构以及政府官员本身也对政治制度、社会制度以及经济制度产生影响”（金登，2017）。在本书的研究中，我们也看到了在中国的政策场景和预算过程中，制度重要性的表现形式。依据间断均衡理论的分析路径，本书基于中国省级制度场景和政策过程，探究了官员晋升激励、任职流动、兼任制度对预算间断的影响。不同于西方国家的“选举逻辑”，中国有一套较为成熟的官员选拔与流动体系（姚洋等，2020），有学者称其为贤能体制（贝淡宁，2016）。中国的地方官员对地方政策过程有能力、有激励产生实质性影响，这成为本书理论分析的一个切入点。此外，从预算过程来看，兼任制度是一个在各省不断发展和演进的差异化政治实践，其显著影响着预算过程中的权力结构，进而会对预算间断的动态特征产生影响。本书的研究显示了这项政治实践在预算方面的意义，即会减弱一省内部的预算间断程度，使得预算变动呈现更为稳定和渐进的状态。此外，以往学者强调非正式因素在中国政治中发挥的关键作用，并认为非正式制度是形塑政策和预算结果的重要变量（马骏，侯一麟，2004；刘亚亮，林慕华，2014）。本书的研究显示，在中国的政策过程中，除了非正式制度的影响，正式制度的变迁无疑也会给政策结果和预算分配带来影响，其作用与机制值得学界进一步研究分析。

此外，政策注意力是近年来公共政策研究的热点领域之一，学者们通过使用政策文本、工作报告或媒体文章，借助统计计量分析、机器学习或大数据方法探究政策注意力的动态演进、关键节点和变迁特点（易兰丽，范梓腾，2022；练宏，2020；庞明礼，2019；张坤鑫，2021）。本书的研究基于间断均衡理论对注意力分配的研究，提出使用预算间断作为对政策变迁的一种综合性度量，推进了政策变迁实证研究的方法创新。基于对官员作为决策者的注意力分配进行分析，本书的分析框架首次在中国公共政策研究场景中建立了从决策者个体到政策变迁结果的理论桥梁，亦为我们理解政策过程中的注意力分配提供了些许启发。本书的研究发现了不同于以往的官员注意力分配状况：地方官员并非总是在做替代性选择，即为了晋升而仅仅关注那些促进经济增长的议题。事实上，地方官员晋升激励越强，注意力分配越广泛、对各类议题均会有所关注。

第三，本书从中国特色的干部人事制度体系出发，对间断均衡理论视角下地方官员影响预算间断均衡的具体机制进行理论框架的提炼，有助于增进对中国干部人事制度如何影响政策变迁和治理绩效的理解。干部人事制度对官员的有效治理是中国国家治理的组织基础（周雪光，2014）。理解和解释干部人事制度的多元治理机制对政策变迁的影响是新时代推进国家治理体系和治理能力现代化的重要命题。政策能否持久、稳定地执行，很大程度上取决于地方官员的偏好和意志（杜娟，朱旭峰，2023）。在国家治理的发展与创新中，中国的干部人事制度产生了一系列丰富而独特的治理安排，如干部晋升、任期限制、干部交流与兼任制度等等。干部人事制度的独特治理机制是否会在个体认知和制度层面影响地方官员的政策选择？如果有影响，具体机制又是怎样的？

为了回答上述问题，本书聚焦于中国干部的“管理逻辑”，以解开预算过程的“黑匣子”。通过建立一个包含 1996—2017 年省级预算间断变迁和地方官员个人特征、干部人事制度安排的多源数据集，定量检验官员注意力分配和制度摩擦如何影响地方预算间断。研究显示，地方官员晋升激励和由任职经历带来的信息优势能够促使决策者更均匀地分配注意力，而通过干部兼任的制度安排则有效减少了制度摩擦。

本书的研究还有助于进一步厘清有关中国官员兼任制度的学术讨论。以往的研究往往从政党政治或国家与社会关系的角度进行观察，多思辨式、应然式的理论讨论，而少实证化、定量化的系统性检验。笔者认为，党政关系的意义体现在具体的政治实践中，应在具体的研究场景中进行理解，并对制度设计的政策绩效进行考察。本书通过提供一个地方公共预算变迁的研究场景，提升我们对兼任制度在减少政治冲突、改善信息交流方面的实际效果的理解。此外，过往研究更多关注的是兼职制度的纵向情况（Wang，2014；Li，Wu，2022），忽视了同级干部兼任的制度设计及其政策意涵，本书的实证研究也对加深这一理解有所助益。

此外，本书的研究工作还为观察省委书记在经济议题上的政策影响力提供了知识积累。一般而言，学界认为省委书记与省长之间存在职务分工，例如，书记负责分管组织人事、宣传、纪检监察等工作，而省长负责政府和政策有关的具体事务。然而，笔者基于中国公共政策过程的实际调研经验与此一般认知存在一定的差异。在中国，省委书记是地区事务中事实上的最终领导者与决策者。其一，书记作为地区“一把手”，对重大议题和项目具有决策权，其决策权通过召开党委常委会会议讨论、形成决议来实现。笔者基于对多个政治层级官员的调研得知，在实际工作中“党委在决策，政府是执行”。也有调研对象表示，尽管省委书记与省长政治级别相同，但是书记是地区班子的领导者，在工作中书记的意见有很大影响力。其二，书记对地方预算能够产生实质影响。这一点从前文所述地方预算的“两上两下”过程便可窥知一二。政府预算由政府部门提出，首先提交给书记，进入党委常委会进行讨论通过。其三，书记出于现实与自身的考虑，往往对经济和财政议题倾注大量注意力，并且通过正式制度设计和政策过程掌握财政权力。笔者曾访谈某县委书记，他指出“地方治理中的核心，一项是人事工作，也就是选人用人；一项是财政工作，有钱才能办事”。所以，书记需要对关键工作岗位的人选表达意见，一个是组织部门负责人，一个是财政部门负责人。因此，本书关注省委书记的影响力和决策权，是符合中国公共政策过程实际的。此外，过往研究侧重于讨论省长的作用，提出“省长管钱”的治理逻辑（杨良松，庞保庆，2014）。但是这些研究相对忽略了省委书记在政策过程中的角色与影响。杨良松和庞保庆（2014）发现省委书记和省长二者均会对地方财政支出产生影响，其中省委书记的年龄和任期对地方财政支出影响更显著，而省长的工作经历对财政支出影响更大。这说明省委书记实际上具有财政影响力，而且在某些方面影响更大。据此而言，本书的理论分析与实证研究也拓展了关于省委书记的财政影响力的相关学术讨论，检验并发现了省委书记对公共预算的影响，特别是省委书记在任职流动模式下，其在省级部门工作经历和兼任预算过程中的关键职务能够降低辖区内预算间断程度。

第四，本书的研究结果揭示了，如何设计国家治理中的人事制度，特别是选拔和激励的具体机制，将对政策产出产生重大影响。因此，在新时代推进国家治理体系和治理能力现代化的新征程上，有必要仔细设计引导官员注意力分配的制度系统，并为他们提供与政策问题相关的信息和知识，以优化决策过程。据此，笔者在如下三方面提出政策建议，为国家治理中进一步完善干部人事制度设计、优化官员治理体系提供政策参考。首先，科学构建官员激励，畅通干部晋升渠道。本书的实证研究表明，官员晋升激励与政策间断均衡变迁密切相关，合理的干部激励和考核体系有助于官员更为均匀地对各类政策议题保持关注，而不只是关注那些有利于经济增长的议题，忽视那些与公共服务、环境与贫困治理相关的议题。政策注意力的均匀分配有利于政策的稳定连续，避免运动式治理的弊病。现阶段，地方干部考核体系已经改变传统的“唯 GDP 论”导向，而转变为关注更为多元平衡、更加科学合理的考核内容，注重在重大实践锻炼中考察、识别和培养干部，不断优化影响干部注意力分配的考核系统。其次，利用好干部已有任职经验，注重科学决策能力。习近平总书记在论述干部应具备的七种能力时提到，干部要提高调查研究能力和科学决策能力。调查研究是在决策过程中对政策相关信息的充分搜集，而科学决策是在此基础上进行准确研判。本书的研究显示，中国的干部管理制度设计中针对领导干部进行任职交流与空间流动的模式能够较好地为其进行公共决策提供认知与经验辅助。未来，应当进一步拓宽选人用人渠道，合理加强不同行政层级、系统领域的干部交流，不断深化中国特色的干部管理制度改革。最后，用好干部兼任制度，理解制度背后的政策意涵。作为调整干部岗位的一种组织手段，抑或是提升干部政治地位的制度安排，干部兼任制度的内在逻辑和政策意义已经受到学术界和实务界的关注与讨论，但对兼任制度的经验性研究与现实性分析仍需要进一步深化和加强，这对理解中国的干部管理制度具有重要意义，亦对完善干部人事制度设计具有关键价值。

第五，本书的研究针对公共预算研究中的“科伊问题”给出了新答案。公共预算的研究充满魅力，其关系着真实政治过程中的财政辩论、理性计算和讨价还价。公共预算的研究往往需要追溯到科伊 1940 年提出的经典问题：“根据什么来决定把资金 X 分配给项目 A 而不是项目 B?”威尔达夫斯基曾对“科伊问题”提出批评，他认为不应该发展出一种规范的预算理论，而应该根据现实的观察和研究进行描述性分析。“之所以预算理论没有任何进展，在于为回答这个问题而进行的任务是不可能实现的。”（Wildavsky，1961）但事实上，正是回答“科伊问题”的努力产生了不同理论的不同答案。官僚制预算理论发展出了一种近乎规范意义上的理论。尼斯坎南认为，官僚的行为趋向总是获得机构的预算最大化（Niskanen，1971）。渐进主义的回答是：由于政治决策的复杂性和政治利益的多元性，现实中可行的政治决策方法是在上一次决策的基础上选择变动不大的政策，进行一种渐进式的调整。而间断均衡理论的答案则是从议程和注意力出发，认为政策议程的转换和决策者注意力的变化，以及制度会对政府的决策产生影响，进而导致了作为政策产出的预算结果的变化。在笔者看来，“科伊问题”启发了一个时代的预算研究，有着重要的理论价值和现实意义。一方面，“科伊问题”直指学界对预算研究的短板，问出了预算分配的实质根据和现实内涵。预算政治学的相关研究在“科伊问题”的引导下，发展出了内容丰富、成果丰硕的现实性分析，充分展现了不同国家、不同社会、不同层级政府在预算分配、政治决策等方面的特点与差异，为我们进一步深入开展公共行政和公共预算研究奠定了重要的理论基础。另一方面，“科伊问题”旨在为现实的预算决策提供更好的价值尺度和公共标准。预算的一个重要特点就是公共性，在于为公众和社会价值进行政策、目标和资金的配置。当人类追寻更好的资源配置方式时，人类社会整体福利的改进将是可能的。为了更好地回答“科伊问题”，国内学者可以将预算研究与中国的政策过程、制度设置进行结合，寻找更多元、更深入的关于中国经验的研究证据，进一步丰富公共预算领域的相关研究。

尽管获得了较为丰富的研究成果，但本研究仍然存在下述局限。第一，本书的研究缺乏对非正式政治的衡量。本书研究的主体是基于正式制度变化框架对中国省级预算过程中的官僚体系、官员和制度变化进行分析的。但在中国的政策和预算过程中，正式和非正式政治都产生着影响（刘亚亮，林慕华，2014），甚至在有些情境下，非正式政治会比正式的预算制度、程序和规则对预算分配结果产生更大的影响（马骏，侯一麟，2004）。事实上，案例分析是对非正式政治和制度进行研究的合适路径，因为非正式政治难以有效衡量。另一种替代性的思路是考虑政治联系的效应，现有研究的做法包括对同事、同学、同乡等关系进行衡量，并分析其所产生的影响。第二，在中国的官员选拔体系之下，官员有多大的自主权去设定政策议程，进而改变预算过程和结果，是一个值得讨论的问题。事实上，对于位阶更高的官员，干部考核系统已然为他们设定了政策目标。比如我国对社会稳定议题高度重视，并衍生出了干部“一票否决”制度，因此，社会稳定成为官员的最高优先事项（Ma，2019）。笔者认为，省级官员在议程设置过程中究竟有着怎样的目标、利益和手段，仍然需要进行细致和深入的研究与讨论。第三，官员的激励结构在不同的层级也存在差异，较低级别的官员一般较少获得流动的机会（Ma，2019）。因此，当我们进一步将预算间断均衡理论拓展到省级以下的政府层级时，需要考虑与本书不同的理论假设。

7.3 未来研究展望

基于过往研究和本书前面的论述，我们获得了中国的公共预算变迁存在间断均衡的实证证据，笔者对其影响因素也进行了初步的实证分析。然而，这仅仅是基于间断均衡理论研究公共预算的一个“起点”，未来仍然有诸多研究方向亟待探索和拓展。在笔者看来，未来研究的内容主要包括预算间断均衡变迁的特点、原因、影响以及方法论。

首先，未来研究需要进一步分析和比较预算间断均衡变迁的特点和模式。例如，通过转换政府层级来进一步验证预算间断均衡理论。考虑到数据的可得性，现有研究大多关注了高层级政府，如联邦、州、中央和地方政府的预算变迁，然而我们仍然对更为基层的政府预算变迁知之甚少。尤其是在中国这样一个多层级政府的单一制国家，每级政府必然存在着政治、经济、行政、社会等诸多方面的差异，由此会形成不同的政治互动和博弈关系。综合运用调研访谈、问卷调查、参与式观察等研究方法进一步丰富和发展来自基层的预算间断均衡研究。此外，可将研究视野从纵向比较进一步延展到横向对比。这不仅仅包括国别之间的对比，还可以进一步对比各个政治体系内部次国家层面的差异，以及特定的政策过程中的不同阶段所存在的间断差异。在间断均衡的出现模式上，一些研究给出了初步的探索，例如，一个组织在经历一次剧烈变迁后，会频繁经历类似的间断性变化还是呈现更为稳定的变化（Robinson et al., 2014）？预算变迁的各个预算科目之间的关系是怎样的，是“赢者通吃”还是“互相依赖”“动态平衡”（Guragain，Lim，2019）？这些问题还需要在中国的制度体系和决策过程之中进一步寻找答案。

其次，在研究预算间断均衡的模式和特点后，一个自然而然的想法便是寻找其原因或影响因素，因为科学研究的本质就是寻找变量与变量之间的关系（金等，2014）。从过往研究来看，国外学者提出了包括预算类型（True，Jones，Baumgartner，

1999；Ryu，2011）、科层制（Robinson et al.，2007）、政策过程中的制度摩擦（Jones et al.，2003）、官员权力（Breunig，Koski，2009）、机构改革（Robinson，Caver，2006）、议题复杂度（Epp，Baumgartner，2016）、制度能力（Epp，2018）等研究视角在内的解释路径。这些实证性的探索能够为未来研究提供一些思考的方向，但对于类似因素在中国制度场景中的适用、改造和替代则是研究者必须关注的问题。

此外，间断均衡理论的最新发展方向是形成一个关于政府信息处理的理论，旨在揭示注意力分配的认知和制度基础。对这一理论来说，政府的“注意力分配”并不是固定的、均匀的，也呈现着间断均衡式的变化特点。因此，未来研究可以在中国的具体政策案例和决策过程中，基于政府“注意力分配”研究视角和间断均衡理论，从决策者认知能力和制度设计维度，寻找影响政策和预算间断的机制与因素。其他学者的研究为我们提示了一些方向，比如一些研究者指出，机构改革前后会产生不同的政策间断样态（Robinson，Caver，2006），政府形式的差异会导致预算间断的差异（Kwon，Gonzalez-Gorman，2019）。间断均衡理论强调的影响因素的构建仍然值得学者深入挖掘和思考。依据间断均衡理论的理论假设，大多研究遵循关注决策者有限理性下，如注意力、政策议程变动，以及制度层面的变化产生的影响。然而，现有研究中并未见到太多直接来自注意力和议程变化的研究证据，特别是有关中国的研究相对缺乏。

参考公共政策研究的其他方式，测量政策议程变化的指标可以依据政策文件进行构建。领导人讲话等重要文件资料也可成为有效的研究资料。此外，注意力变化的测量指标可使用媒体报道等内容尝试构建，传统媒体是重要的研究资料来源，而更值得注意的则是互联网新媒体的出现对政治变迁和政策议程的影响。

再次，笔者不得不指出的是，现有研究最为匮乏的是对间断均衡影响的理论探讨和实证检验。预算间断均衡理论的早期研究者乔丹提出的问题，研究者们至今仍然在尝试回答。当地方政府尝试在平衡预算框架下运行时，预算间断代表着“有得有失”，一些机构或政策领域获得了预算分配，而另一些则可能遭到预算削减。谁会经常遭遇预算削减？在遭遇预算削减后，这些参与者或机构提供的服务有什么变化？会对其他科目或者领域产生影响吗？预算科目的子项目内又存在何种互相影响的动态变化？（Jordan，1999）对间断均衡所产生的影响的深入探讨，须得结合特定议题领域，以定量和定性相结合的方法，对问题进行进一步的研究。

最后，在研究方法上，预算间断均衡的相关研究目前主要采用了分析频率分布直方图、关注尾部的极端变化的方法。乔丹指出，这一方法可以进一步拓展应用到议程设置、决策过程和预算的各个阶段（Jordan，1999）。例如，在中国研究情境之下，对于传统政策文本的分析和研究也可以采用概率分布的随机过程方法，对于不同领域的政策和预算变迁也可以使用这类方法进行分析。此外，现有研究已经在不同国家、不同时期和不同政府层级之中普遍发现和证实了间断均衡政策变迁存在的证据。这意味着，我们不需要为“是否存在”的问题而困扰，而应进一步关注“为何存在”的问题，并尝试提出更好的理论解释。针对这一问题视角的转换，学者们也可尝试使用案例分析、比较分析等研究方法对政策变迁案例进行“深描”，以产生和发现新理论。与此同时，对研究对象进行调查与访谈也不失为可行的研究方法，特别是当我们能够对近似的研究进行追踪式、多期式的调查和访谈后会获得丰富的数据资料，而这更有助于理论的提出。另外，笔者认为也应当开发新的更为精确的政策变迁衡量方法。现存方法仍然存在时期不一致、划分渐进与非渐进标准不一致等诸多问题，在这些技术性问题上的争论往往会引致理论上的“无效”争辩。更为重要的是，我们必须认识到，定量研究有助于探索，而具体到问题的解释性层面，我们则需要依赖更为深入的定性研究。特定领域的决策过程和信息处理，政府的注意力如何变动，不同的参与者如何对问题进行互相竞争的定义，特定的制度设置和权力分布又如何影响政策的间断均衡变迁，这些都是未来笔者会进一步思考的方向。

参考文献

阿西莫格鲁，罗宾逊，2015. 国家为什么会失败［M］. 李增刚，译. 长沙：湖南科学技术出版社.

奥尔森，1995. 集体行动的逻辑［M］. 陈郁，等，译. 上海：上海三联书店.

巴比，2009. 社会研究方法［M］. 11 版. 邱泽奇，译. 北京：华夏出版社.

贝淡宁，2016. 贤能政治：为什么尚贤制比选举民主制更适合中国［M］. 吴万伟，译. 北京：中信出版社.

贝淡宁，2012. 贤能政治是个好东西［J］. 当代世界（8）：5-8.

蔡定剑，2003. 中国人民代表大会制度［M］. 北京：法律出版社.

曹堂哲，郝宇华，2020. 中国公共预算变迁的间断均衡——基于中国各级预算支出面板数据的实证分析［J］. 浙江大学学报（人文社会科学版）（5）：104-118.

陈琛，2010. 党委书记兼任人大主任政治模式探析［J］. 前沿（6）：8-11.

陈强，2014. 高级计量经济学及 Stata 应用［M］. 2 版. 北京：高等教育出版社.
陈硕，陈家喜，聂伟，2019. 能力、关系与晋升速度：基于 522 名县委书记的实证研究［J］. 公共行政评论（6）：110-124+201.
陈硕，陈家喜，聂伟，2020. 县委书记是怎样炼成的？［J］. 廉政瞭望（6）：46-47.
陈思丞，孟庆国，2016. 领导人注意力变动机制探究——基于毛泽东年谱中 2614 段批示的研究［J］. 公共行政评论（3）：148-176+189-190.
陈天祥，李仁杰，王国颖，2018. 政策企业家如何影响政策创新：政策过程的视角［J］. 江苏行政学院学报（4）：111-119.
陈晓萍，徐淑英，樊景立，2012. 组织与管理研究的实证方法［M］. 2 版. 北京：北京大学出版社.
丁煌，2011. 西方行政学理论概要［M］. 北京：中国人民大学出版社.
都淦，2008. 从党政关系视角看党委书记兼人大主任的实践［J］. 理论探索（4）：115-116.
杜娟，朱旭峰，2023. 官员更替、政策连续性与贫困治理绩效——来自国家级贫困县脱贫的经验证据［J］. 公共行政评论（1）：6-28+197.
郭定平，2009. 当代中国政党与国家关系模式的重构：比较的视野［J］. 社会科学研究（1）：1-11.
何俊志，罗彬，2019. 中国省级人大常委会主任任职模式研究（1979—2017）［J］. 中共中央党校（国家行政学院）学报（1）：59-68.
贾俊雪，郭庆旺，2008. 政府间财政收支责任安排的地区经济增长效应［J］. 经济研究（6）：37-49.
金，基欧汉，维巴，2014. 社会科学中的研究设计［M］. 陈硕，译. 上海：格致出版社.
金登，2017. 议程、备选方案与公共政策［M］. 2 版. 中文修订版. 丁煌，方举，译. 北京：中国人民大学出版社.
孔飞力，2012. 叫魂：1768 年中国妖术大恐慌［M］. 陈兼，刘昶，译. 上海：上海三联书店.
邝艳华，2011. 公共预算决策理论述评：理性主义、渐进主义和间断均衡［J］. 公共行政评论（4）：145-162+181-182.
邝艳华，2015. 环保支出决策：渐进还是间断均衡——基于中国省级面板数据的分析［J］. 甘肃行政学院学报（2）：52-61.
拉斯韦尔，2009. 政治学：谁得到什么？何时和如何得到？［M］. 杨昌裕，译. 北京：商务印书馆.
赖诗攀，2020. 强激励效应扩张：科层组织注意力分配与中国城市市政支出的“上下”竞争（1999—2010）［J］. 公共行政评论（1）：43-62+196-197.
李家磊，2018. 任职双轨制：党委书记与人大常委会主任分任兼任模式研究（1979—2016）[D]. 吉林：吉林大学.
李侃如，2010. 治理中国：从革命到改革 [M]. 胡国成，赵梅，译. 北京：中国社会科学出版社.
李文钊，庞伟，吴珊，2021. 制度摩擦何以影响中国预算变迁？——基于1992—2019年的中国预算变迁数据的实证研究 [J]. 公共行政评论（2）：38-60+229.
李文钊，庞伟，吴珊，2019. 中国预算变迁遵循间断—均衡逻辑吗？——基于2007—2019年中国财政预算数据的实证研究 [J]. 公共行政评论（5）：12-27.
李一花，亓艳萍，祝婕，2019. 人大预算监督能改善地方政府债务支出效率吗？[J]. 财政研究（11）：37-50.
栗玉香，王雍君，2011. 教育法定支出的执行情况、制度困境及预算改革 [J]. 华中师范大学学报（人文社会科学版）（6）：138-143.
练宏，2020. 专栏导语：中国政府行为的注意力分配研究何以有特色？[J] 公共行政评论（1）：41-42+194.
梁小筠，1997. 正态性检验 [M]. 北京：中国统计出版社.
刘亚亮，林慕华，2014. 预算过程中的正式政治与非正式政治：A省一个专项资金的案例分析 [J]. 公共行政评论（4）：112-132.
楼继伟，2006. 公共财政建设与政府收支分类改革 [J]. 经济研究参考（74）：11-13.

卢洪友，卢盛峰，陈思霞，2011. 关系资本、制度环境与财政转移支付有效性——来自中国地市一级的经验证据［J］. 管理世界（7）：9-19+187.

鲁宾，2001. 公共预算中的政治：收入与支出，借贷与平衡［M］. 4 版. 叶娟丽，马骏，等，译. 北京：中国人民大学出版社.

罗党论，佘国满，陈杰，2015. 经济增长业绩与地方官员晋升的关联性再审视：新理论和基于地级市数据的新证据［J］. 经济学（季刊）（3）：1145-1172.

马骏，侯一麟，2004. 中国省级预算中的非正式制度：一个交易费用理论框架［J］. 经济研究（10）：14-23.

马骏，侯一麟，2005. 中国省级预算中的政策过程与预算过程：来自两省的调查［J］. 经济社会体制比较（5）：64-72.

马骏，於莉，2005. 公共预算研究：中国政治学和公共行政学亟待加强的研究领域［J］. 政治学研究（2）：108-116.

尼斯坎南，2004. 官僚制与公共经济学［M］. 王浦劬，等，译. 北京：中国青年出版社.

牛婧，魏修建，2020. 官员流动、地区间关联与省际贸易往来［J］. 财贸经济（6）：128-143.

诺思，2014. 制度、制度变迁与经济绩效［M］. 杭行，译. 上海：格致出版社.

庞保庆，邓淑莲，刘红芹，2018. 官员晋升、部门权力与预算透明度［J］. 学海（3）：109-116.

庞明礼，2019. 领导高度重视：一种科层运作的注意力分配方式［J］. 中国行政管理（4）：93-99.

彭铭刚，2013. 间断均衡与中国市级污染治理的逻辑［D］. 香港大学.

钱穆，2005. 中国历代政治得失［M］. 2 版. 北京：生活·读书·新知三联书店.

钱先航，曹廷求，2017. 钱随官走：地方官员与地区间的资金流动［J］. 经济研究（2）：156-170.

邱雨，宋春娟，2016. 层级政治：书记兼任人大主任的层级差异透视［J］. 中共青岛市委党校（青岛行政学院学报）（2）：72-78.

萨巴蒂尔，2004. 政策过程理论［M］. 彭宗超，等，译. 北京：生活·读书·新知三联书店.

托克维尔，1988. 论美国的民主：上卷［M］. 董果良，译. 北京：商务印书馆.

王贤彬，黄亮雄，2020. 官员更替，政策不确定性及其经济效应——中国情景 10 年研究回顾与展望［J］. 公共管理与政策评论（2）：69-81.

王贤彬，徐现祥，2008. 地方官员来源、去向、任期与经济增长：来自中国省长省委书记的证据［J］. 管理世界（3）：16-26.

王亚南，1981. 中国官僚政治研究［M］. 北京：中国社会科学出版社.

文宏，杜菲菲，2018. 注意力、政策动机与政策行为的演进逻辑——基于中央政府环境保护政策进程（2008—2015 年）的考察［J］. 行政论坛（2）：80-87.

西蒙，2004. 管理行为［M］. 原书第 4 版. 詹正茂，译. 北京：机械工业出版社.

肖滨，卜熙，2020. 一核统领下的差异化格局——以地方党委书记任职人大常委会主任的三种模式为例［J］. 开放时代（3）：189-209.

徐宏宇，吴金鹏，2022. 中国儿童照护预算变迁的间断—均衡模型——基于 2007—2019 年省级面板数据的分析［J］. 公共行政评论（1）：110-126.

徐现祥，王贤彬，舒元，2007. 地方官员与经济增长——来自中国省长、省委书记交流的证据［J］. 经济研究（9）：18-31.

徐行，杨鹏飞，2014. 重构执政党与国家政权关系的新探索［J］. 学习与实践（8）：48-56.

闫小骏，2017. 中国何以稳定：来自田野的观察与思考［M］. 北京：中国社会科学出版社.

杨良松，庞保庆，2014. 省长管钱？——论省级领导对于地方财政支出的影响［J］. 公共行政评论（4）：72-111.

杨良松，2013. 中国干部管理体制减少了地方政府教育支出吗？——来自省级官员的证据［J］. 公共管理学报（2）：41-51+139.

杨鹏，2005. 中国环保为什么困难重重［J］. 二十一世纪评论（2）：20-34.

姚东旻，朱泳奕，余凯，2020. 制度惯性、地方领导人更替与财政支出结构变动［J］. 社会学研究（2）：99-123+243-244.

姚洋，席天扬，李力行，等，2020. 选拔、培养和激励——来自CCER 官员数据库的证据［J］. 经济学（季刊）（3）：1017-1040.

易兰丽，范梓腾，2022. 层级治理体系下的政策注意力识别偏好与政策采纳——以省级“互联网+政务服务”平台建设为例［J］. 公共管理学报（1）：40-51+167.

余锦亮，卢洪友，2018. 分类预算，软约束与财政努力程度——对地方政府收支行为激励效应的一个检验［J］. 经济科学（4）：19-32.

於莉，2007. 省会城市预算过程中党政首长的作用与影响——基于三个省会城市的研究［J］. 公共管理学报（1）：56-62.

张程，2020. 数字治理下的“风险压力—组织协同”逻辑与领导注意力分配——以 A 市“市长信箱”为例［J］. 公共行政评论（1）：79-98+197-198.

张军，高远，傅勇，等，2007. 中国为什么拥有了良好的基础设施？［J］. 经济研究（3）：4-19.

张坤鑫，2021. 地方政府注意力与环境政策执行力的倒 U 形关系研究［J］. 公共管理评论（4）：132-161.

张书林，2013. 市县党委书记与人大主任：从兼职到分设——基于政党政治与民主政治博弈的视角［J］. 理论视野（8）：47-50+54.
张树剑，2011. 中国省级人大预算监督制度研究［D］. 复旦大学.
张小平，廖世忠，2009. 论以法定支出为主明确界定政府间支出责任［J］. 发展研究（3）：19-22.
章文光，刘志鹏，2020. 注意力视角下政策冲突中地方政府的行为逻辑——基于精准扶贫的案例分析［J］. 公共管理学报（4）：152-162+176.
中共海南省委组织部课题组，1994. 党委书记兼任人大主任的探讨［J］. 组织人事学研究（1）：16-18.
周飞舟，谭明智，2014. 当代中国的中央地方关系［M］. 北京：中国社会科学出版社.
周飞舟，2012. 以利为利：财政关系与地方政府行为［M］. 上海：上海三联书店.
周黎安，2007. 中国地方官员的晋升锦标赛模式研究［J］. 经济研究（7）：36-50.
周黎安，2008. 转型中的地方政府：官员激励与治理［M］. 上海：格致出版社.
周雪光，2014. 中国国家治理及其模式：一个整体性视角［J］. 学术月刊（10）：5-11+32.
周雪光，艾云，葛建华，等，2018. 中国地方政府官员的空间流动：层级分流模式与经验证据［J］. 社会（3）：1-45.
周雪光，艾云，葛建华，等，2020. 党政关系：一个人事制度视角与经验证据［J］. 社会（2）：137-167.
周雪光，练宏，2012. 中国政府的治理模式：一个“控制权”理论［J］. 社会学研究（5）：69-93.
周雪光，2005.“逆向软预算约束”：一个政府行为的组织分析［J］. 中国社会科学（2）：132-143.
朱春奎，严敏，陆娇丽，2012. 公共预算决策中的间断均衡模型［J］.公共管理与政策评论（1）：78-89.
朱光磊，2010. 滞后与超越：中国地方政治发展总体观［J］. 武汉大学学报（哲学社会科学版）（3）：328-334.
朱光喜，陈景森，2019. 地方官员异地调任何以推动政策创新扩散？——基于议程触发与政策决策的比较案例分析［J］. 公共行政评论（4）：124-142+192-193.
朱旭峰，张超，2020. 央地间官员流动、信息优势与政策试点——以国家可持续发展议程创新示范区为例［J］. 公共行政评论（4）：130-146+209-210.
朱旭峰，张友浪，2015. 创新与扩散：新型行政审批制度在中国城市的兴起［J］. 管理世界（10）：91-105+116.
朱亚鹏，肖棣文，2014. 政策企业家与社会政策创新［J］. 社会学研究（3）：56-76.

ALLISON C R, SAINT-MARTIN D, 2011. Half a century of "muddling": are we there yet? [J]. Policy and society, 30 (1): 1-8.

ANDERSON S, HARBRIDGE L, 2010. Incrementalism in appropriations: small aggregation, big changes [J]. Public administration review, 70 (3): 464-474.

ARROW K J, 1951. Alternative approaches to the theory of choice in risk-taking situations [J]. Econometrica, 19 (4): 404-437.

BAUMGARTNER F R, FOUCAULT M, FRANÇOIS A, 2006. Punctuated equilibrium in French budgeting processes [J]. Journal of European Public Policy, 13 (7): 1086-1103.

BAUMGARTNER F R, JONES B D, 1991. Agenda dynamics and policy subsystems [J]. The journal of politics, 53 (4): 1044-1074.

BAUMGARTNER F R, JONES B D, 1993. Agendas and instability in American politics [M]. Chicago: University of Chicago Press.

BAUMGARTNER F R, JONES B D, 2015. The politics of information: problem definition and the course of public policy in America [M]. Chicago: University of Chicago Press.

BAUMGARTNER F R, JONES B D, MORTENSEN P B, 2014. Punctuated equilibrium theory: explaining stability and change in public policymaking [M] //SABATIER P A, WEIBLE C

M. Theories of the policy process. Philadelphia: Westview Press: 59-103.

BECKER B E, HUSELID M A, 1992. The incentive effects of tournament compensation systems [J]. Administrative science quarterly, 37 (2): 336-350.

BENDOR J, 2015. Incrementalism: dead yet flourishing [J]. Public administration review, 75 (2): 194-205.

BERRY W D, 1990. The confusing case of budgetary incrementalism: too many meanings for a single concept [J]. The journal of politics, 52 (1): 167-196.

BLAIS A, DION S, 1991. The budget-maximizing bureaucrat: appraisals and evidence [M]. Pittsburgh: University of Pittsburgh Press.

BRASIL F, CAPELLA A C N, FAGAN E, 2020. Policy change in Brazil: new challenges for policy analysis in Latin America [J]. Latin American policy, 11 (1): 24-41.

BRAYBROOKE D, LINDBLOM C E, 1963. A strategy of decision: policy evaluation as a social process [M]. New York: Free Press of Glencoe.

BREUNIG C, 2006. The more things change, the more things stay the same: a comparative analysis of budget punctuations [J]. Journal of European public policy, 13 (7): 1069-1085.

BREUNIG C, JONES B D, 2011. Stochastic process methods with an application to budgetary data [J]. Political analysis, 19 (1): 103-117.

BREUNIG C, KOSKI C, 2006. Punctuated equilibria and budgets in the American states [J]. Policy studies journal, 34 (3): 363-379.

BREUNIG C, KOSKI C, 2009. Punctuated budgets and governors' institutional powers [J]. American politics research, 37 (6): 1116-1138.

BREUNIG C, KOSKI C, 2012. The tortoise or the hare? Incrementalism, punctuations, and their consequences [J]. Policy studies journal, 40 (1): 45-68.

BREUNIG C, KOSKI C, MORTENSEN P B, 2010. Stability and punctuations in public spending: a comparative study of budget functions [J]. Journal of public administration research and theory, 20 (3): 703-722.

BROWN M C, HALABY C N, 1984. Bosses, reform, and the socio-economic bases of urban expenditure, 1890-1940 [M] // MCDONALD T J, WARD S K. The politics of urban fiscal policy. Beverly Hills: Sage.

BURNS J P, WANG X, 2010. Civil service reform in China: impacts on civil servants' behaviour [J]. The China Quarterly, 201: 58-78.

CAAMAÑO-ALEGRE J, LAGO-PEÑAS S, 2011. Combining incrementalism and exogenous factors in analyzing national budgeting: an application to Spain [J]. Public finance review, 39 (5): 712-740.

CAIDEN N, 1990. Public budgeting in the United States: the state of the discipline [M] //LYNN N, WILDAVSKY A. Public administration: the state of the discipline. Chatham, NJ: Chatham House: 228-255.

CHAN K N, 2014. A comparative study of the institutional foundations of punctuated equilibrium [D]. Indiana University.

CHAN K N, ZHAO S, 2016. Punctuated equilibrium and the information disadvantage of authoritarianism: evidence from the People's Republic of China [J]. Policy studies journal, 44 (2): 134-155.

CHAQUÉS-BONAFONT L, PALAU A, BAUMGARTNER F R, 2015. Agenda dynamics in Spain [M]. New York: Palgrave Macmillan.

COHEN M D, MARCH J G, OLSEN J P, 1972. A garbage can model of organizational choice [J]. Administrative science quarterly, 17 (1): 1-25.

DAVIS O A, DEMPSTER M A H, WILDAVSKY A, 1966. A theory of the budgetary process [J]. American political science review, 60 (3): 529-547.

DAVIS O A, DEMPSTER M A H, WILDAVSKY A, 1974. Towards a predictive theory of government expenditure: US domestic appropriations [J]. British journal of political science, 4 (4): 419-452.

DEMPSTER M A, WILDAVSKY A, 1979. On change: or, there is no magic size for an increment [J]. Political studies, 27 (3): 371-389.

DODD M D, HIBBING J R, SMITH K B, 2016. The politics of attention: differences in visual cognition between liberals and conservatives [J]. Psychology of learning and motivation, 65: 277-309.

DOWNS A, 1957. An economic theory of political action in a democracy [J]. Journal of political economy, 65 (2): 135-150.

DOWNS A, 1972. Up and down with ecology: the issue-attention cycle [J]. The public interest, 28 (1): 462-473.

ELDREDGE N, GOULD S J, 1972. Punctuated equilibria: an alternative to phyletic gradualism [J]. Essential readings in evolutionary biology: 82-115.

EPP D A, 2018. The structure of policy change [M]. Chicago: University of Chicago Press.

EPP D A, BAUMGARTNER F R, 2016. Complexity, capacity, and

budget punctuations [J]. Policy studies journal, 45 (2): 247-264.

ETZIONI A, 1967. Mixed-scanning: a "third" approach to decision-making [J]. Public administration review, 27 (5): 385-392.

FENNO R F, 1966. The power of the purse: appropriations politics in congress [M]. Boston: Little, Brown.

FLINK C M, 2015. Rethinking punctuated equilibrium theory: a public administration approach to budgetary changes [J]. Policy studies journal, 45 (1): 101-120.

GIVEL M, 2010. The evolution of the theoretical foundations of punctuated equilibrium theory in public policy [J]. Review of policy research, 27 (2): 187-198.

GORDON T P, 1990. Incrementalism in public budgeting [C] // CHAN J., PATTON J. Research in governmental and nonprofit accounting. Greenwich: Jai Press.

GOULD S J, ELDREDGE N, 1977. Punctuated equilibria: the tempo and mode of evolution reconsidered [J]. Paleobiology, 3 (2): 115-151.

GURAGAIN H P, LIM S, 2019. Nepalese budgetary dynamics: following incrementalism or punctuated equilibrium? [J]. Public organization review, 19 (4): 493-518.

HAYEK F A, 1996. The use of knowledge in society [M] //MY-

ERS P S. Knowledge management and organizational design. London: Routledge.

HAYES M T, 1992. Incrementalism and public policy [M]. New York: Longman.

HECLO H, WILDAVSKY A, 1977. The private government of public money [M]. London: Palgrave Macmillan.

HOSKING J R, 1990. L-moments: analysis and estimation of distributions using linear combinations of order statistics [J]. Journal of the Royal Statistical Society: series B (methodological), 52 (1): 105-124.

HUANG Y, 2002. Managing Chinese bureaucrats: an institutional economics perspective [J]. Political studies, 50 (1): 61-79.

HYDE A C, 2007. Government budgeting: theory, process, and politics [M]. 3rd. 北京：北京大学出版社.

JIN H, QIAN Y, WEINGAST B R, 2005. Regional decentralization and fiscal incentives: federalism, Chinese style [J]. Journal of public economics, 89 (9/10): 1719-1742.

JONES B D, 2017. Behavioral rationality as a foundation for public policy studies [J]. Cognitive systems research, 43: 63-75.

JONES B D, BAUMGARTNER F R, 2005. The politics of attention: how government prioritizes problems [M]. Chicago: University of Chicago Press.

JONES B D, BAUMGARTNER F R, 2012. From there to here: punctuated equilibrium to the general punctuation thesis to a theory of government information processing [J]. Policy studies journal, 40 (1): 1-20.

JONES B D, BAUMGARTNER F R, BREUNIG C et al., 2009. A general empirical law of public budgets: a comparative analysis [J]. American journal of political science, 53 (4): 855-873.

JONES B D, BAUMGARTNER F R, TRUE J L, 1998. Policy punctuations: U. S. budget authority, 1947-1995 [J]. The journal of politics, 60 (1): 1-33.

JONES B D, EPP D A, BAUMGARTNER F R, 2019. Democracy, authoritarianism, and policy punctuations [J]. International review of public policy, 1 (11): 7-26.

JONES B D, MCGEE Z A, 2018. Agenda setting and bounded rationa-lity [M] //MINTZ A, TERRIS L G. The Oxford handbook of behavioral political science, Oxford: Oxford University Press.

JONES B D, SULKIN T, LARSEN H A, 2003. Policy punctuations in American political institutions [J]. American political science review: 151-169.

JORDAN M M, 1999. Punctuated equilibrium as a comprehensive theory of local government budgeting: the proof is in the tails [D]. University of Kentucky.

JORDAN M M, 2002. Punctuated equilibrium: an agenda-based theory of budgeting [M] //KHAN A, HILDRETH W B. Budget theory in the public sector. Westport: Quorum Books.

JORDAN M M, 2003. Punctuations and agendas: a new look at local government budget expenditures [J]. Journal of policy analysis and management, 22 (3): 345–360.

KELLY J M, RIVENBARK W C, 2008. Budget theory in local government: the process-outcome conundrum [J]. Journal of public budgeting, accounting & financial management, 20 (4): 484–508.

KEY V O, 1940. The lack of a budgetary theory [J]. The American political science review, 34 (6): 1137–1144.

KOU C-W, TSAI W-H, 2014. "Sprinting with small steps" towards promotion: solutions for the age dilemma in the CCP cadre appointment system [J]. The China journal, 71: 153–171.

KWAK S, 2016. "Windows of opportunity," revenue volatility, and policy punctuations: testing a model of policy change in the American States [J]. Policy studies journal, 45 (2): 265–288.

KWON S W, GONZALEZ-GORMAN S, 2019. Influence of local political institutions on policy punctuation in three policy areas [J]. Politics & policy, 47 (2): 300-325.

LAM W F, CHAN K N, 2015. How authoritarianism intensifies punctuated equilibrium: the dynamics of policy attention in Hong Kong [J]. Governance, 28 (4): 549-570.

LAZEAR E P, ROSEN S, 1981. Rank-order tournaments as optimum labor contracts [J]. Journal of political economy, 89 (5): 841-864.

LELOUP L T, MORELAND W B, 1978. Agency strategies and executive review: the hidden politics of budgeting [J]. Public administration review, 38 (3): 232-239.

LI M, WU Z, 2022. Power and poverty in China: why some counties perform better in poverty alleviation? [J]. Journal of Chinese political science, 27 (2): 319-340.

LI T, FEIOCK R C, 2020. Explaining state budget punctuations: policy transparency, political institutions, and electoral incentives [J]. Policy studies journal, 48 (4): 926-952.

LIEBERTHAL K, OKSENBERG M, 1988. Policy making in China: leaders, structures, and processes [M]. Princeton: Princeton University Press.

LINDBLOM C E, 1959. The science of "muddling through" [J]. Public administration review, 19 (2): 79-88.

LINDBLOM C E, 1977. Politics and markets: the world's political-economic systems [M]. New York: Basic Books.

LINDBLOM C E, 1979. Still muddling, not yet through [J]. Public administration review, 39 (6): 517-526.

LOWI T J, 1972. Four systems of policy, politics, and choice [J]. Public administration review, 32 (4): 298-310.

MA X, 2019. Consent to contend: the power of the masses in China's local elite bargain [J]. China review, 19 (1): 1-30.

MAY J P, WORKMAN S, JONES B D, 2008. Organizing attention: responses of the bureaucracy to agenda disruption [J]. Journal of public administration research and theory, 18 (4), 517-541.

MCDOWALL D, LOFTIN C, 1984. Conflict, crime, and budgetary constraint: police strength in Detroit, 1927-1976 [M] //MCDONALD T J, WARD S K. The politics of urban fiscal policy. Beverly Hills: Sage Publications.

MIGONE A, HOWLETT M, 2015. Charles E. Lindblom, "The Science of Muddling Through" [M] //LODGE M, PAGE E, BALLA S. The Oxford handbook of classics in public policy and administration. Oxford: Oxford University Press.

MORTENSEN P B, 2005. Policy punctuations in Danish local budgeting [J]. Public administration, 83 (4): 931-950.

NATCHEZ P B, BUPP I C, 1973. Policy and priority in the budgetary process [J]. American political science review, 67 (3): 951-963.

NEUBY B L, 1997. On the lack of a budget theory [J]. Public administration quarterly, 21 (2): 131-142.

NISKANEN W A, 1971. Bureaucracy and representative government [M]. Chicago: Transaction Publishers.

OLANIYAN N, EFUNTADE L, 2020. Budget and the budgetary control system on tertiary institution's financial performance in Nigeria [J]. KIU interdisciplinary journal of humanities and social sciences, 1 (2): 281-302.

OR N H, 2019. How policy agendas change when autocracies liberalize: the case of Hong Kong, 1975-2016 [J]. Public administration, 97 (4): 926-941.

PADGETT J F, 1980. Bounded rationality in budgetary research [J]. American political science review, 74 (2): 354-372.

PAL L A, 2011. Assessing incrementalism: formative assumptions, contemporary realities [J]. Policy and society, 30 (1): 29-39.

PARK A Y, SAPOTICHNE J, 2020. Punctuated equilibrium and bureaucratic autonomy in American city governments [J]. Policy studies journal, 48 (4): 896-925.

PEARSON E, HARTLEY H, 1972. Tables 54, 55 [J]. Biometrika tables for statisticians, 2: 117-123.

PETERSON E, 1981. City limits [M]. Chicago: University of Chicago Press.

PRINDLE D F, 2012. Importing concepts from biology into political science: the case of punctuated equilibrium [J]. Policy studies journal, 40 (1): 21–44.

REDDICK C G, 2002. Testing rival decision-making theories on budget outputs: theories and comparative evidence [J]. Public budgeting & finance, 22 (3): 1–25.

REDDICK C G, 2003. Testing rival theories of budgetary decision-making in the US states [J]. Financial accountability & management, 19 (4): 315–339.

REDFORD E S, 1969. Democracy in the administrative state [M]. New York: Oxford University Press.

ROBINSON S E, CAVER F S, 2006. Punctuated equilibrium and congressional budgeting [J]. Political research quarterly, 59 (1): 161–166.

ROBINSON S E, CAVER F S, MEIER K J et al., 2007. Explaining policy punctuations: bureaucratization and budget change [J]. American journal of political science, 51 (1): 140–150.

ROBINSON S E, FLINK C M, KING C M, 2014. Organizational history and budgetary punctuation [J]. Journal of public administration research and theory, 24 (2): 459–471.

RUBIN I S, 1990. The politics of public budgeting: getting and spending, borrowing and balancing [M]. New York: Chatham House.

RYU J E, 2009. Exploring the factors for budget stability and punctuations: a preliminary analysis of state government sub-functional expenditures [J]. Policy studies journal, 37 (3): 457-473.

RYU J E, 2011. Legislative professionalism and budget punctuations in state government sub-functional expenditures [J]. Public budgeting & finance, 31 (2): 22-42.

RYU J E, 2017. Bounded bureaucracy and the budgetary process in the United States [M]. New York: Routledge.

SABATIER P A, WEIBLE C M, 2014. Theories of the policy process [M]. Philadelphia: Westview Press.

SARTORI G, 1970. Concept misformation in comparative politics [J]. American political science review, 64 (4): 1033-1053.

SCHATTSCHNEIDER E, 1960. The semisovereign people: a realist's view of democracy in America [M]. Illinois: The Dryden Press.

SCHICK A, 1990. The capacity to budget [M]. Washington, DC: The Urban Institute Press.

SEBŐK M, BERKI T, 2017. Incrementalism and punctuated equilibrium in hungarian budgeting (1991-2013) [J]. Journal of public budgeting, accounting & financial management, 29 (2): 151-180.

SEBŐK M, BERKI T, 2018. Punctuated equilibrium in democracy and autocracy: an analysis of Hungarian budgeting between 1868 and 2013 [J]. European political science review, 10 (4): 589-611.

SHAPIRO S S, WILK M B, 1965. An analysis of variance test for normality (complete samples) [J]. Biometrika, 52 (3/4): 591-611.

SHARKANSKY I, 1968. Agency requests, gubernatorial support and budget success in state legislatures [J]. American political science review, 62 (4): 1220-1231.

SHARKANSKY I, 1969. The politics of taxing and spending [M]. Indianapolis: The Bobbs-Merrill Co..

SHARP T, 2019. Wars, presidents, and punctuated equilibriums in US defense spending [J]. Policy sciences, 52 (3): 367-396.

SHEPSLE K A, 1979. Institutional arrangements and equilibrium in multidimensional voting models [J]. American journal of political science, 23 (1): 27-59.

SIMON H A, 1957. Administrative behavior: a study of decision-making processes in administrative organization [M]. New York: Free Press.

TÉLLEZ G T, 2016. Budgetary incrementalism in Mexico: an analysis of budget programs of the Federal National Budget 2010-2015 [J]. Gestión y análisis de políticas públicas, (16): 78-101.

THOMPSON J A, 1987. Agency requests, gubernatorial support, and budget success in state legislatures revisited [J]. The journal of politics, 49 (3): 756-779.

TOHAMY S M, DEZHBAKHSH H, ARANSON P H, 2006. A new theory of the budgetary process [J]. Economics & politics, 18 (1): 47-70.

TRUE J L, 1995. Is the national budget controllable? [J]. Public budgeting & finance, 15 (2): 18-32.

TRUE J L, 1999. Attention, inertia, and equity in the social security program [J]. Journal of public administration research and theory, 9 (4): 571-596.

TRUE J L, 2000. Avalanches and incrementalism: making policy and budgets in the United States [J]. American review of public administration, 30 (1): 3-18.

TRUE J L, JONES B D, BAUMGARTNER F R, 1999. Punctuated Equilibrium Theory [J] //SABATIER P A. Theories of the policy process. Boulder: Westview Press.

TRUE J L, JONES B D, BAUMGARTNER F R, 2007. Punctuated equilibrium theory [M] //SABATIER P. Theories of the policy process. New York: Routledge.

TRUMAN D B, 1951. The governmental process: political interests and public opinion [M]. New York: Alfred A. Knopf.

USHER C L, CORNIA G C, 1981. Goal setting and performance assessment in municipal budgeting [J]. Public administration review: 229-235.

WANAT J, 1974. Bases of budgetary incrementalism [J]. American political science review, 68 (3): 1221-1228.

WANG Y, 2014. Empowering thepolice: how the Chinese Communist Party manages its coercive leaders [J]. The China quarterly: 625-648.

WILDAVSKY A, 1961. Political implications of budgetary reform [J]. Public administration review, 21 (4): 183-190.

WILDAVSKY A, 1964. The politics of the budgetary process [M]. Boston: Little, Brown.

WILDAVSKY A, CAIDEN N, 1988. The new politics of the budgetary process [M]. Glenview, IL: Scott, Foresman.

WORKMAN S, JONES B D, JOCHIM A E, 2009. Information processing and policy dynamics [J]. Policy studies journal, 37 (1): 75-92.

XI T, YAO Y, ZHANG M, 2018. Capability and opportunism: evidence from city officials in China [J]. Journal of comparative economics, 46 (4): 1046-1061.

XIA M, 1997. Informational efficiency, organisational development and the institutional linkages of the provincial people's congresses in China [J]. The journal of legislative studies, 3 (3): 10-38.

XIAO H, WANG X, LIU C, 2020. Budgetary punctuations: a fiscal management perspective [J]. Policy studies journal, 48 (4): 873-895.

XU J, WANG X, XIAO H, 2020. How environmental bureaucrats influence funding legislation: an information processing perspective [J]. Environmental politics, 29 (4): 1-22.

ZHU X, MENG T, 2020. Geographical leadership mobility and policy isomorphism: narrowing the regional inequality of social spending in China [J]. Policy studies journal, 48 (3): 806-832.

后　记

本书是基于我的博士论文修改完善而成的，撰写此书的过程亦是我学习如何成长为一名学术研究者的过程。本书最初的选题和研究工作是在北京大学开展的，而后这一研究课题跟随我远渡重洋，在哈佛大学访学期间一点点积累打磨，最后是在我重回燕园后修改完成的。于我而言，这是一部中西学术思想交流与碰撞的研究成果，亦是一部结合国际学术前沿反思中国国家治理经验的理论著作。

在本书的撰写与出版工作中，我获得了太多良师益友的指导和支持。感谢我的博士生导师北京大学赵成根教授。这项研究是在赵老师的悉心指导下完成的。从选题到写作，赵老师总是充满耐心、富有激情地给予我启发和指导。他反复强调学术研究应有“天下为公，报国为怀”的理想和志向，本书的谋篇布局、遣词造句无不凝结着赵老师的心血和智慧。师从赵老师进行博士学习，是我人生的一大幸事，无论是赵老师对学术事业的追求、对教育事业的热爱，还是他豁达乐观、平易近人的性格，都深深影响着我。

感谢我的硕士生导师北京大学李永军副教授。自 2016 年进入北大读硕士以来，李老师对我的教育、指导和关爱从未停止。从北京大学到韩国延世大学再到美国哈佛大学，一场场学术会议、一次次学术讨论，都为我真正开始入门学术研究奠定了基础。李老师的大爱无边，每每令我感动不已；他高屋建瓴的指导，常常让我茅塞顿开。每当我在学习、生活中甚至面临人生发展道路的抉择遇到困惑时，都庆幸能在老师的指点下获得新的机会。

感谢北京大学姚洋教授及其学生团队对本书研究数据的慷慨支持，与他们的合作是这项研究最终成型的关键。感谢我的本科导师武汉大学卢洪友教授，他是学高为师、身正为范的真正楷模，在我稚嫩懵懂之际引领我向善向学，才有了我学术人生的开启。感谢我在北大与哈佛求学期间的诸多恩师诤友，感谢何增科老师、白彦老师、白智立老师、张长东老师在学习和生活中对我的关心和帮助。感谢安东尼·塞奇（Antony Saich）老师、周志忍老师、江荣海老师、汤大华老师、涂晓芳老师、魏娜老师对我博士论文的悉心评阅和富有价值的建议，使我获益匪浅。

感谢中共中央党校（国家行政学院）公共管理教研部领导王满传、宋世明、李江涛、黄小勇主任对我的研究工作的指导与帮助，感谢人力资源教研室顾平安、刘旭涛、尹艳红、胡仙芝、易丽丽等同事对我的关怀与教导。

感谢北京大学出版社的优秀同仁对本书出版工作提供的大力支持，他们严谨认真的工作使得本书最终得以面世。

感谢我的家人，他们永远是我温暖的港湾。谨以此书献给我的父亲。

李梦瑶

2023 年 8 月 18 日于北京